同等学力人员申请硕士学位全国统一考试辅导丛书

全国同等学力统考命题研究组　组编

经济学

学科综合水平

全国统一考试真题解析

（最新版考试大纲配套用书）

北京理工大学出版社
BEIJING INSTITUTE OF TECHNOLOGY PRESS

图书在版编目（CIP）数据

经济学学科综合水平全国统一考试真题解析 / 全国同等学力统考命题研究组组编 . —北京：北京理工大学出版社，2019.8（2021.3 重印）

ISBN 978 - 7 - 5682 - 7442 - 5

Ⅰ . ①经…　　Ⅱ . ①全…　　Ⅲ . ①经济学—硕士—水平考试—题解　　Ⅳ . ① F0-44

中国版本图书馆 CIP 数据核字（2019）第 174986 号

出版发行 / 北京理工大学出版社有限责任公司

社　　　址 / 北京市海淀区中关村南大街 5 号

邮　　　编 / 100081

电　　　话 /（010）68914775（总编室）

　　　　　　（010）82562903（教材售后服务热线）

　　　　　　（010）68948351（其他图书服务热线）

网　　　址 / http://www.bitpress.com.cn

经　　　销 / 全国各地新华书店

印　　　刷 / 三河市文阁印刷有限公司

开　　　本 / 787 毫米 ×1092 毫米　　1/16

印　　　张 / 6.75　　　　　　　　　　　　　　　　　　责任编辑 / 多海鹏

字　　　数 / 168 千字　　　　　　　　　　　　　　　　文案编辑 / 多海鹏

版　　　次 / 2019 年 8 月第 1 版　　2021 年 3 月第 3 次印刷　　责任校对 / 周瑞红

定　　　价 / 29.80 元　　　　　　　　　　　　　　　　责任印制 / 李志强

百分百系列编委会成员 （按姓氏拼音排序）

《商业企业经营学》《现代企业管理基础》等专著和教材。管理理论、企业理论、企业战略管理、连锁经营管理为其主要研究领域。

闫相国：中国人民大学管理学硕士，北京大学心理学硕士，《广州日报·求学指南》专家顾问团成员，学苑教育教学研究中心主任，主要研究方向为企业战略管理和公司财务管理。

学苑教育简介　学苑教育自 1997 年建立以来，作为全国最早的在职研究生考试辅导培训机构，以其优异的师资团队和完善的教学服务，20 多年来帮助数万名考生通过了在职研究生考试，顺利获得硕士、博士学位。教研中心拥有自己的专职教师队伍、专业教学研发团队和自行研发出版的学员用书，同时与数百位国内外顶级管理专家以及多家国内外知名的管理培训机构建立了紧密的合作关系，共同推出了各个系列的培训课程及图书教材，并在此基础上打造了学苑教育（http://www.xycentre.com）、学苑网络课堂（http://www.xycentre.org）等多个服务性培训网络平台。随着学员和社会的认可，愈发证明学苑教育已成为在职培训领域中的领跑者。

我们将始终以"智力服务于中国，提高企业与个人整体竞争力"为目标，用我们恒久不变的真诚与努力，与您共同"启迪广袤思维，追求卓越表现，迈向成功之路"。

◎ 前　言

同等学力申请硕士学位是国务院提供给已经在工作岗位上获得一定工作经验、有继续提升自身专业知识愿望的大学毕业生的一个继续深造的机会。经济学学科综合水平考试的考试内容主要涵盖了西方经济学、国际经济学、财政学、货币银行学和社会主义经济理论五部分内容。

为贯彻实施《国务院学位委员会关于授予具有研究生毕业同等学力人员硕士、博士学位的规定》，加强对授予同等学力人员硕士学位的宏观质量控制，保证和提高授予学位的质量，规范质量管理，国务院学位委员会决定按 10 个一级学科点，从 1999 年 6 月起，举办同等学力人员申请硕士学位学科综合水平全国统一考试。

《经济学学科综合水平全国统一考试真题解析》（以下简称《经济学历年真题解析》）是由全国同等学力统考命题研究组组织，得到了学苑教育经济学学科命题研究组的大力支持，共同编写的经济类学科的综合水平考试用书。

编写本书是为了贯彻和实施国务院学位委员会关于同等学力人员申请硕士学位学科综合水平全国统一考试工作的要求，更重要的是为参加申请经济学硕士学位学科综合水平全国统一考试的考生提供考试复习范围、要求和应全面掌握的基础知识。

《经济学历年真题解析》是历年考试内容的总结，是考点的分解和细化，目的在于帮助考生厘清知识要领与脉络，进一步巩固复习。本书在确定初稿后，又邀请部分在京专家参加专家评审会，听取同行专家意见和建议，做了进一步调整和修改。但由于时间紧迫、水平所限，肯定还有偏颇和不完善之处，真诚期望同行和考生提出意见和建议。

为了帮助学员更好地复习与备考，本书整理了自 2008 年以来 13 年的经济学学科综合水平全国统一考试真题并对所有知识做了详尽的解析，便于考生在复习中对相关知识点加以整体梳理，防止学员在复习中只见树木而不见森林。

笔者建议学员在备考期间，首先建立各门课的整体知识结构框架，熟悉各个框架中涵盖的章节内容并思考其相关性，在此基础上结合本书，分析思考各个知识点以不同题型命题时应该如何应对。

编　者

考试说明

考试介绍

同等学力人员申请硕士学位是我国目前开展非全日制培养研究生的主要方式之一。同等学力人员申请硕士学位全国统一考试是国务院学位委员会为保证我国学位授予的总体质量，规范同等学力人员申请硕士学位工作而设立的国家水平考试。

根据《中华人民共和国学位条例》的规定，具有研究生毕业同等学力的人员，都可以按照《国务院学位委员会关于授予具有研究生毕业同等学力人员硕士、博士学位的规定》的要求与办法，向学位授予单位提出申请。授予同等学力人员硕士学位是国家为同等学力人员开辟的获得学位的渠道，这对于在职人员业务素质的提高和干部队伍建设都能起到积极的作用。申请人通过了学位授予单位及国家组织的全部考试，通过了学位论文答辩后，经审查达到了硕士学位学术水平者，可以获得硕士学位。

报考条件

报名参加外国语水平考试和学科综合水平考试的考生，必须是已通过学位授予单位资格审查的硕士学位申请人，即考生应具备以下资格：

（1）已获得学士学位，并在获得学士学位后工作三年以上。

（2）本人在教学、科研、专门技术、管理等方面做出成绩的有关材料已提交学位授予单位，并经学位授予单位审查被确定具有申请硕士学位资格。

报考时间

各地报名时间详见学苑教育（http://www.xycentre.com）网站的考试动态栏目。

考试报名采用网上报名与现场确认相结合的办法。报考者在网上报名的规定时间内，通过互联网登录有关省级主管部门指定的网站，填写、提交报名信息；然后，在规定的现场确认时间内，持经学位授予单位审查通过的《同等学力人员申请硕士学位全国统一考试资格审查表》（简称《考试资格审查表》）到指定地点现场照相、缴费、确认报名信息。

网上报名时间：3月初开始，3月底结束。

考生一般应在接受其硕士学位申请的学位授予单位所在省（自治区、直辖市）参加报名和考试。如有特殊情况，需申请在工作单位所在地参加报名和考试，必须经接受其硕士学位申请的学位授予单位和其工作单位所在省级主管部门同意。

考试时间

每年全国水平考试时间为5月倒数第二个周日，上午9:00至11:30为外国语水平考试，考试时间为150分钟；下午2:30至5:30为学科综合水平考试，考试时间为180分钟。

考试科目

同等学力人员申请硕士学位考试为全国统考,分为外国语水平和学科综合水平考试两部分。经济学学科综合水平考试内容包括西方经济学、国际经济学、财政学、货币银行学和社会主义经济理论五部分内容。

考试须知

(一)试卷满分及考试时间

试卷满分为 100 分,考试时间为 180 分钟。

(二)答题方式

闭卷、笔试。

(三)试卷题型结构

1.单项选择题:8 小题,每小题 2 分,共 16 分。

2.名词解释:4 小题,每小题 3 分,共 12 分。

3.简答题:4 小题,每小题 8 分,共 32 分。

4.论述与计算题:2 小题,每小题 20 分,共 40 分。

(四)内容比例

1.西方经济学,约 25%;

2.社会主义经济理论,约 25%;

3.国际经济学,约 15%;

4.财政学,约 15%;

5.货币银行学,约 20%。

(五)试题难易比例

1.容易题,约 40%;

2.中等难度题,约 40%;

3.难题,约 20%。

最新版考试大纲

《同等学力人员申请硕士学位经济学学科综合水平全国统一考试大纲及指南(第四版)》,国务院学位委员会办公室,高等教育出版社,2009 年出版。

目　录

2008年同等学力人员申请硕士学位
学科综合水平全国统一考试经济学试卷

一、单项选择题(每小题 2 分,共 16 分)

1.不属于当代国际贸易理论的是( )。
　　A.战略政策贸易理论　　　　　　　　B.产业内贸易理论
　　C.比较优势理论　　　　　　　　　　D.贸易扭曲理论

2.根据国际费雪效应,一国通货膨胀率上升将会伴随着该国名义利率和货币对外价值的
　　变化,其变化分别为( )。
　　A.提高/降低　　　B.降低/提高　　　C.降低/不变　　　D.不变/降低

3.我国依据国家职能的划分,一般把财政支出划分为( )。
　　①经济建设费　②社会文教费　③地质勘探费　④国防费　⑤行政管理费
　　A.①②③④　　　　B.①②③⑤　　　　C.①②④⑤　　　　D.②③④⑤

4.以下哪项不属于国际金本位体系的特点?( )
　　A.多种渠道调节国际收支的不平衡　　B.黄金充当国际货币
　　C.严格的固定汇率制度　　　　　　　D.国际收支的自动调节机制

5.货币政策的中介目标是( )。
　　A.物价稳定　　　　B.公开市场业务　　　C.短期利率　　　　D.货币供应量

6.按照最适课税理论,最适所得税税率应该呈现倒 U 形,这意味着( )。
　　A.中等收入者的边际税率可适当高些,低收入者的边际税率可适当低些
　　B.中等收入者的边际税率可适当高些,低收入者与高收入者的边际税率可适当低些
　　C.中等收入者的边际税率可适当低些,高收入者的边际税率可适当高些
　　D.高收入者的边际税率可适当高些,低收入者与中等收入者的边际税率可适当低些

7.商品价格变化对需求量的影响可分解为替代效应和收入效应,以下论述正确的
　　是( )。
　　A.对正常品而言,价格下降的收入效应为负
　　B.对低档品而言,价格下降的收入效应为正
　　C.对奢侈品而言,价格下降的收入效应不存在
　　D.对吉芬商品而言,价格下降的替代效应大于 0,收入效应小于 0,且后者大于前者

8.如果利率和收入的组合点出现在 IS 曲线右上方、LM 曲线左上方的区域中,则表明
　　( )。
　　A.投资小于储蓄且货币供给小于货币需求
　　B.投资大于储蓄且货币需求小于货币供给
　　C.若利率和收入都能按供求情况自动得到调整,则利率下降、收入下降
　　D.若利率和收入都能按供求情况自动得到调整,则利率下降、收入上升

二、名词解释(每小题 3 分,共 12 分)

　　1.进口配额
　　2.税收中性

3.公司治理结构

4.理性预期假设

三、简答题(每小题 8 分,共 32 分)

1.根据产业内贸易理论,简述同质产品产业内贸易的几种类型。

2.通货膨胀包括哪些类型?

3.请简要说明流动性偏好利率理论与可贷资金利率理论之间的异同。

4.公共需要的基本特征是什么?

四、论述与计算题(每小题 20 分,共 40 分)

1.简述经济政策的具体目标,并阐述现代市场经济条件下经济政策手段的构成。

2.已知某厂商的生产函数为 $Q=L^{\frac{2}{5}}K^{\frac{3}{5}}$,劳动的价格为 $P_L=2$,资本的价格为 $P_K=3$。

试求:

　　(1)产量为 10 时,最低成本支出的大小和 L 与 K 的使用数量。

　　(2)总成本为 60 元时,厂商的均衡产量和 L 与 K 的使用数量。

　　(3)什么是边际收益递减规律?该生产函数的要素报酬是否受该规律支配?为什么?

答案与解析

一、单项选择题

1.【正确答案】C

【所属学科】国际经济学第二章。

【难易程度】简单

【考点解析】当代国际贸易理论一般指第二次世界大战后,在全球化大背景下兴起的全新的贸易理论,包括战略贸易理论、产业内贸易理论、贸易扭曲理论等。比较优势理论是大卫·李嘉图于18世纪提出的理论,不属于当代国际贸易理论。

2.【正确答案】A

【所属学科】国际经济学第六章。

【难易程度】较难

【考点解析】美国经济学家费雪认为:每一国家的名义利率等于投资者所要求的实际利率与预期的通货膨胀率之和。两国的利率之差等于两国的通货膨胀率之差,称为费雪方程式。费雪方程式可用于预测浮动汇率制下的即期汇率,即国际费雪效应。用公式表达:$i=r+l$。式中,i 为名义利率,r 为实际利率,l 为通货膨胀率。

如果同时考虑两国情况,并将两个公式相减,可以得到:$i_d - i_f = (r_d + l_d) - (r_f + l_f)$。式中,$i_d$ 表示本国名义利率,i_f 表示外国名义利率,r_d 表示本国实际利率,r_f 表示外国实际利率,l_d 表示本国通货膨胀率,l_f 表示外国通货膨胀率。

根据购买力等值理论,两国的实际利率应相等,且即期汇率的变动幅度应与两国通货膨胀率之差等值并反向,即 $i_d - i_f = l_d - l_f = (S_1 - S_2)/S_1$。式中,$S_1$ 是即期汇率,S_2 是远期汇率。这就是国际费雪效应公式。

据此,在本题中,当一国通货膨胀率上升时,首先能推出名义利率 i_d 上升。因此,$S_1 - S_2$ 为正,此时 $S_2 < S_1$,表明货币的对外价值将降低。

3.【正确答案】C

【所属学科】财政学第二章。

【难易程度】简单

【考点解析】我国依据国家职能的划分,将财政支出划分为经济建设费、社会文教费、国防费、行政管理费和其他支出五大类。地质勘探费不在其中,因此答案为C。

4.【正确答案】A

【所属学科】货币银行学第九章。

【难易程度】中等

【考点解析】在国际金本位制下,黄金充当名义上的国际货币。此外,实行各国货币汇率由国家货币含量比例决定的固定汇率制,并且有国际收支的自动调节机制。因此,答案为A。

5.【正确答案】D

【所属学科】货币银行学第七章。

【难易程度】较难

【考点解析】货币政策的中介目标是必须能被货币当局加以控制,且央行能及时获取有关指标的准确数据,有较明确的定义,以便于分析、观察和监测。综上,答案为D。

6.【正确答案】B

【所属学科】财政学第四章。

【难易程度】中等

【考点解析】最适课税理论认为,从社会公平与效率的总体角度来看,中等收入者的边际税率可适当高些,而低收入者和高收入者应适用相对较低的税率。因此答案为B。

7.【正确答案】D

【所属学科】西方经济学第二章。

【难易程度】中等

【考点解析】注意,在微观经济学所讨论的商品中,当商品价格下降时,对于所有商品,其替代效应都是正的(增加)。而在收入效应的分析中,则有所不同。对于正常品,价格下降,替代效应为正,收入效应为正,总效应为正;对于低档品,价格下降,收入效应为负,但其绝对值小于替代效应,因此其总效应为正;对于吉芬商品,价格下降,收入效应为负,但其绝对值大于替代效应,因此其总效应为负。因此答案为D。

8.【正确答案】C

【所属学科】西方经济学第十章。

【难易程度】较难

【考点解析】$IS-LM$模型中,在IS曲线的右上方,投资小于储蓄($I<S$),在LM曲线的左上方,货币需求小于货币供给($L<M$)。若利率和收入都能按供求情况自动得到调整,IS不均衡会导致收入变动,即投资小于储蓄($I<S$)会导致收入下降;LM不均衡会导致利率变动,即货币需求小于货币供给($L<M$)会导致利率下降。因此答案为C。

二、名词解释

1.【所属学科】国际经济学第四章。

【答题思路】进口配额是指一国政府在一定时期内,对某些商品的进出口数量或者金额规定一个数额,加以直接的限制,超过进口配额的数量,不允许进口。进口配额是国际贸易中非关税壁垒的一种形式。

2.【所属学科】财政学第四章。

【答题思路】税收中性是针对税收的超额负担提出的一个概念,一般包含两种含义:一是国家征税使社会所付出的代价以税款为限,尽可能不给纳税人或经济社会带来其他的额外损失或负担;二是国家征税应避免对市场经济的正常运行进行干扰,特别是不能使税收超越市场机制而成为资源配置的决定因素。

3.【所属学科】社会主义经济学第二章。

【答题思路】公司治理结构是一种契约制度,它通过一定的治理手段合理配置剩余索取权和控制权,以使企业内的不同利益主体形成有效的自我约束和相互制衡机制。在公司治理结构中,公司所有权与经营权基于信托责任形成相互制衡关系。目前,公司治理结构主要包括董事会、监事会、股东(大)会。其中,股东(大)会是公司的最高权力机构和最高决策机构。

4.【所属学科】西方经济学第十五章。

【答题思路】理性预期假设是指经济当事人对价格、利率、利润或收入等经济变量未来的变动可以做出符合理性的估计。理性预期包含三个方面的特征：(1)总体来说，人们的预期应该是准确的；(2)经济当事人在充分利用所有有效信息的基础上对某个经济量做出预期；(3)经济当事人做出的预期与经济模型的预测相一致，是新古典宏观经济学的重要假设之一。

三、简答题

1.【所属学科】国际经济学第三章。

【答题思路】产业内贸易理论主要解释国际贸易大多发生在发达国家之间，并且存在既进口又出口同类产品的现象。同质产品或相同产品是指产品间可以完全相互替代，也就是说产品有很高的需求交叉弹性，消费者对这类产品的消费偏好完全一样。这类产品的贸易形式通常都属于产业间贸易，但由于市场区位、市场时间等的不同，也会发生产业内贸易。同质产品产业内贸易的类型主要包括以下几种：(1)国家间大宗产品，如水泥、木材和石油的贸易，此种贸易行为是在国家的不同需求及实际运输成本等基础之上的决策结果；(2)合作或技术因素的贸易，如银行、保险业"走出去、引进来"；(3)转口贸易，即国际贸易中进出口货品的生意，不是在生产国与消费国之间直接进行，而是通过第三国易手进行的买卖；(4)政府干预产生的价格扭转，使促进出口同种产品有利可图；(5)季节性产品贸易，有些产品的生产和市场需求具有一定的季节性，因此国家为了解决国内需求矛盾也会形成产业内贸易。例如，欧洲一些国家之间为了相互解决用电高峰期而进行的电力"削峰填谷"的进出口。另外，一些果蔬的季节性进出口也属于此类。

2.【所属学科】西方经济学第十四章。

【答题思路】通货膨胀是宏观经济运行过程中出现的价格总水平的持续上涨现象。通货膨胀的成因也主要表现为需求拉动和成本推进，主要包括以下几个类型：(1)需求拉动的通货膨胀；(2)成本推进的通货膨胀；(3)混合型通货膨胀；(4)结构型通货膨胀；(5)货币供给型通货膨胀。

3.【所属学科】西方经济学第十章、货币银行学第二章。

【答题思路】流动性偏好利率理论是由凯恩斯提出的一种偏重短期货币因素分析的货币利率理论。根据流动性偏好利率理论，货币需求包括交易性需求、预防性需求和投机性需求。货币供给表现为满足收入和利率函数的货币需求的供应量，是政策变量，取决于货币政策，利率是资金需求与供给相等时的价格。

可贷资金理论由英国的罗伯逊和瑞典的俄林提出，认为借贷资金的需求和供给均包括两个方面：借贷资金需求来自期间的投资流量和该期间人们希望保有的货币余额；借贷资金的供给来自同一期间的储蓄流量和该期间货币供给量的变动。其中，货币供给与利率是正相关关系；而货币需求与利率则是负相关关系。可贷资金在很大程度上受中央银行的控制，因此，政府的货币政策成为利率的决定因素而必须考虑。它们的主要区别体现在：

(1)在利率决定因素上，流动性偏好利率理论强调货币因素的作用，忽视实际因素的作用；可贷资金理论既强调货币因素又注重实际因素的分析。

(2)在对货币的分析上，流动性偏好利率理论主要分析短期市场利率，而可贷资金利率理论主要研究实际利率的长期波动；流动性偏好利率理论是短期货币利率理论，而可贷资金理论是长期实际利率理论。

4.【所属学科】财政学第四章。

【答题思路】公共需要是指向社会提供安全、秩序、公民基本权利和经济发展的社会条件等方面的需要,它区别于微观经济主体的个别需要。社会公共需要是指政府执行其部分职能的需要,如国防、文教、卫生、生态环境保护的需要以及基础设施、基础产业和支柱产业、风险产业的投资;广义上还包括为调解市场经济运行而采取的各种措施等。社会公共需要具有以下特征:

(1)非加总性。社会公共需要是社会公众在生产、生活和工作中的共同需要,它不是普遍意义上的人人有份的个人需要或个别需要的数学加总。

(2)无差异性。为了满足社会公共需要而提供的公共物品,可以无差别地由每个社会成员共同享用,即一个或一些社会成员享用这种公共物品的同时,不排斥其他社会成员享用。

(3)代价的非对称性。社会成员享用为满足社会需要的公共物品,无须付出任何代价,或只支付与提供这些公共物品所花费的不对称的少量费用。

(4)外部性。为满足社会公共需要而提供的公共物品一般具有外部效应。外部效应指的是一个消费者的消费行为或生产者的生产行为给其他消费者或生产者带来的利益或损失。外部效应往往会导致公共物品供给过度或不足。

(5)社会剩余产品性。满足社会公共需要的物质手段只能来自社会产品的剩余部分,如果剩余产品表现为价值形态,就只能是对"M"部分的抽取。

(6)整体性。它是由所有社会成员作为一个整体共同提出的,而不是某一个体或组织单独或分别提出的。

(7)强制性。它只能依托政治权利、动用强制性的手段,而不能依托个人意愿、通过市场交换的行为得以实现。

四、论述与计算题

1.【所属学科】社会主义经济学第十章。

【答题思路】经济政策的具体目标有:①经济增长;②物价稳定;③充分就业;④产业结构高级化;⑤国际收支平衡。

经济政策手段有:①财政政策手段;②货币政策手段;③行政管制手段;④经济法制手段;⑤制度约束;⑥道义劝告。

注意:本题限于篇幅,不对以上名词的内涵进行逐一解释。在实际作答时,要对每个小点进行简单的名词解释,再说明一下这些目标之间的关系即可。

2.【所属学科】西方经济学第三章。

【答题思路】本题涉及西方经济学生产论方面的内容。要牢牢记住,在长期生产均衡时,要素的边际产量之比=要素价格之比。

(1)由生产函数可得要素的边际产量,即

$$MP_L = \frac{2}{5}L^{-\frac{3}{5}}K^{\frac{3}{5}}, MP_K = \frac{3}{5}L^{\frac{2}{5}}K^{-\frac{2}{5}}$$

利用最优要素使用原则$\frac{MP_L}{MP_K} = \frac{P_L}{P_K}$,可得

$$\frac{\frac{2}{5}L^{-\frac{3}{5}}K^{\frac{3}{5}}}{\frac{3}{5}L^{\frac{2}{5}}K^{-\frac{2}{5}}}=\frac{2}{3}$$

整理得 $L=K$。

将 $L=K$ 和 $Q=10$ 代入生产函数，可得 $L=K=10$，代入可得最低成本支出
$$TC=P_{L}L+P_{K}K=50$$

（2）将求得的 $L=K$ 代入成本函数，可得
$$P_{L}L+P_{K}K=2L+3K=5L=5K=60$$

解得 $L=K=12$。

将 $L=K=12$ 代入生产函数，可得厂商的均衡产量 $Q=12$。

（3）边际收益递减规律是指在技术水平不变、其他要素投入不变的条件下，某种生产要素的投入超过一定特定值时，增加一单位该要素的投入量所带来的产量增加量是递减的。

该生产函数受要素报酬递减规律支配。因为：

假定资本 K 的投入量不变，劳动 L 为可变投入量，那么劳动的边际产出为
$$MP_{L}=\frac{2}{5}L^{-\frac{3}{5}}K^{\frac{3}{5}}$$

进而得
$$\frac{\mathrm{d}MP_{L}}{\mathrm{d}L}=-\frac{3}{5}\times\frac{2}{5}L^{-\frac{8}{5}}K^{\frac{3}{5}}<0$$

说明劳动的边际产出递减。

同理，资本的边际产出 $MP_{K}=\frac{3}{5}L^{\frac{2}{5}}K^{-\frac{2}{5}}$，$\frac{\mathrm{d}MP_{K}}{\mathrm{d}K}=-\frac{2}{5}\times\frac{3}{5}L^{\frac{2}{5}}K^{-\frac{7}{5}}<0$，说明资本的边际产出递减。

因此，该生产函数受边际收益递减规律的影响。

2009年同等学力人员申请硕士学位
学科综合水平全国统一考试经济学试卷

一、单项选择题(每小题2分,共16分)

1. 经济发展( )。
   A. 通常表示一国财富的增长
   B. 通常用人均国内生产总值(GDP)的增长速度来表示
   C. 既包括更多的产出,同时也包括产品生产和分配所依赖的技术和体制安排上的变革
   D. 是在GDP的基础上减掉创造GDP所造成污染的治理成本

2. 国际贸易相关法律中所指的倾销应包括( )。
   ①产品以低于正常价值或公平价值的价格销售
   ②这种低价销售行为对进口国的相关产业造成了损害
   ③低价销售是长期持续的
   ④损害与低价之间存在因果关系
   A. ①②③   B. ①②④   C. ②③④   D. ①③④

3. 1995年起,世界银行采用现值债务率代替名义债务率指标。根据此指标,经济现值债务率(未偿还债务现值/国民生产总值)的临界值为( );出口现值债务率(未偿还债务现值/出口)的临界值为( )。
   A. 60%　40%   B. 80%　40%   C. 40%　80%   D. 80%　20%

4. 一般来说,市场经济条件下,税收负担转嫁有如下几种主要形式:①前向转嫁,又称"顺转";②后向转嫁,又称"逆转";③消转,又称"自我消化税款";④税收资本化。但是,在严格意义上,( )不属于税收负担转嫁。
   A. ②   B. ③④   C. ③   D. ①②

5. 以下各项中,哪些不属于国债的功能?( )
   ①弥补政府的财政赤字   ②替代私人投资
   ③调节经济   ④筹集建设资金
   ⑤从事公开市场业务
   A. ①⑤   B. ①②   C. ②⑤   D. ①③④

6. 货币供给的内生性是指( )。
   A. 货币供应量是在一个经济体系内部由多种因素和主体共同决定的
   B. 货币供应量由中央银行在经济体系之外独立控制
   C. 货币供应量由商业银行独立决定
   D. 货币供应量由企业和居民的行为决定

7. 在一些国家,不少家庭医生既上门为社区里的富人服务,又上门为社区里的穷人服务,不过对富人的收费高于穷人,这是因为( )。
   A. 富人的需求弹性大于穷人的需求弹性
   B. 富人的需求弹性小于穷人的需求弹性
   C. 两个市场的需求弹性相等
   D. 以上都正确

8. 在"滞胀"情况下,菲利普斯曲线为( )。

 A. 一条垂直于横轴的直线

 B. 一条向右上方倾斜的曲线

 C. 一条向右下方倾斜的曲线

 D. 一条不规则曲线

二、名词解释(每小题 3 分,共 12 分)

 1. 价内税与价外税

 2. 所有权

 3. 贸易创造与贸易转移

 4. 投资乘数

三、简答题(每小题 8 分,共 32 分)

 1. 简述国家财政不平衡的主要原因。

 2. 试分析本币对外贬值对进出口的影响机制与实现条件。

 3. 简述可持续发展理论的基本原则。

 4. 如何理解按劳分配与按生产要素分配相结合?

四、论述与计算题(每小题 20 分,共 40 分)

 1. 试述现行国际金融体系的脆弱性及其改革的重点。

 2. 已知某垄断厂商的成本函数为 $TC=5Q^2+100Q$,产品的需求函数为 $P=900-5Q$,请计算:

 (1)利润最大化时的产量、价格和利润。

 (2)假设国内市场的售价超过 600,国外同质产品就会进入。计算 $P=600$ 时垄断厂商提供的产量和赚得的利润。

 (3)如果政府进行限价,规定最高售价为 500。计算垄断厂商提供的产量和赚得的利润。此时国内需求状况会发生什么变化?

 (4)基于以上结论,说明政府制定反垄断法规的经济意义。

答案与解析

一、单项选择题

1. 【正确答案】C

【所属学科】社会主义经济学第七章。

【难易程度】简单

【考点解析】经济发展既包括更多的产出,同时也包括产品生产和分配所依赖的技术和体制安排上的变革,如经济结构的变化、一个社会的平等化状况、就业状况和教育水平等。

2. 【正确答案】B

【所属学科】国际经济学第四章。

【难易程度】简单

【考点解析】倾销是指海外的货物(商品)以低于同样货物(商品)同一时期在国内市场类似条件下的销售价格销售。法律上所指的倾销有三个构成条件:①产品以低于正常价值或公平价值的价格销售;②这种低价销售行为对进口国的相关产业造成了损害;③损害与低价之间存在因果关系。

3. 【正确答案】D

【所属学科】国际经济学第八章。

【难易程度】简单

【考点解析】1995 年起,世界银行开始采用现值法,即用债务的现值替代名义值来衡量一国的债务水平。①经济现值债务率,等于未偿还债务现值与一国国民生产总值的比值,临界值为 80%。②出口现值债务率,等于未偿还债务现值与当年出口总收入之比,临界值为 20%;当实际指标超过临界值的 60% 时,为中等债务国家,60% 以下则为轻度债务国家。

4. 【正确答案】C

【所属学科】财政学第三章。

【难易程度】中等

【考点解析】在四种税负转嫁方式中,消转是指纳税人通过改进生产工艺,提高劳动生产率,自我消化税款。从税收转嫁的本意上说,消转并不是一种税负转嫁方式。

5. 【正确答案】C

【所属学科】财政学第六章。

【难易程度】简单

【考点解析】国债的功能既不包括替代私人投资,也不包括从事公开市场业务。

6. 【正确答案】A

【所属学科】货币银行学第二章。

【难易程度】中等

【考点解析】货币供给的内生性是指货币供应量是在一个经济体系内部由多种因素和主体共同决定的,中央银行只是其中的一部分,因此,中央银行并不能单独决定货币供应量。微观经济主体对现金的需求程度、经济周期状况、商业银行、财政和国际收支等因素均会影响货币供应。因此答案为 A。

7.【正确答案】B

【所属学科】西方经济学第二章。

【难易程度】中等

【考点解析】这种定价行为属于第三级价格歧视。实施第三级价格歧视时,为了获得更大的利润,厂商对价格变化反应不敏感的消费者制定较高的价格,对价格变化反应敏感的消费者制定较低的价格。

8.【正确答案】B

【所属学科】西方经济学第十五章。

【难易程度】中等

【考点解析】"滞胀"指的是通货膨胀与经济增长停滞同时存在的现象。此时,价格水平的增加并不能带来失业率的下降,这种情况下的菲利普斯曲线是一条向右上方倾斜的曲线。

二、名词解释

1.【所属学科】财政学第四章。

【答题思路】价内税与价外税是根据税收与价格的关系对税收进行的分类。凡税金构成价格组成部分的,称为价内税,其计税依据为含税价格;凡税金作为价格之外附加的,称为价外税,其计税依据为不含税价格。我国消费者购买零售消费品,一般按消费品标明价格支付货币,并不知道消费品已缴税款有多少。因此,价内税具有隐蔽、间接、稳定的特点。我国现行的消费税是价内税。价外税具有直观、透明、中性的特点,有利于纳税人相互监督并了解对国家贡献的大小。我国现行的增值税就是价外税。

2.【所属学科】社会主义经济学第四章。

【答题思路】所有权是所有人依法对自己财产所享有的占有、使用、收益和处分的权利,是对生产劳动的目的、对象、手段、方法和结果的支配力量,它是一种财权,所以又称财产所有权。所有权是物权中最重要、最完全的一种权利,具有绝对性、排他性、永续性三个特征。产权和所有权的区别:产权是一个较大的概念,产权包括所有权。例如,房地产所有权只是房地产产权中主要的一种。

3.【所属学科】国际经济学第三章。

【答题思路】贸易创造:指在国际贸易理论与实践中,两个或两个以上国家间结成关税同盟后,因取消关税降低了贸易商品的价格,使产品从原来由成本较高的国内生产转向由成本较低的关税同盟中贸易对象国生产,本国从贸易对象国进口的一种过程和现象。贸易创造对于经济发展有积极的促进意义。

贸易转移:指在国际贸易理论与实践中,两个或两个以上国家间的关税同盟建立后,产品从过去进口自较低生产成本国进口转向从较高成本国(成员国)进口的过程和现象。贸易转移对进口国是种福利损失。

4.【所属学科】西方经济学第九章。

【答题思路】在其他条件不变的情况下,假定自主投资增加 1 个单位,那么均衡国民收入将增加 $1/(1-\beta)$ 倍,即如果投资增加 ΔI,则均衡国民收入增加量为 $\Delta Y = \Delta I/(1-\beta)$,这一结论被称为投资乘数定理,$1/(1-\beta)$ 即投资乘数。

需要注意的是,投资乘数定理在运用的过程中有两大基本假设:(1)一国经济是在未达到充分就业的条件下运行的。如果没有闲置劳动力,投资不能实际发挥作用,随着投资不断支出,货币收入成倍增加,会引起通货膨胀。(2)货币供应能适应其需求的变化。在投资运动以货币为媒介的现代经济中,如果货币供应量不足以适应投资和消费支出的增加,投资和消费的增加就会使货币需求上升,从而促使利率提高。利率的提高又会对以后的投资意愿产生抑制作用,从而影响投资乘数作用。此外,乘数理论建立在利率不变的情况下,在实际的政策实施中,主要经济变量的变动会带来利率的变动。当利率上升时,会带来投资额的下降,这一效应被称为"挤出效应"。

三、简答题

1.【所属学科】财政学第八章。

【答题思路】财政收支正好相等是偶然的,财政不平衡具有必然性。造成财政不平衡的原因有很多,既有经济原因,也有制度原因;既有客观因素,也有人为因素。国家财政不平衡的主要原因有以下四个方面:

(1)外部冲击。外部冲击指对一国国民收入有很大影响,但本国不能左右的外部事件。它是来自国际的影响因素,是不可控变量。比如,进出口商品价格的变动、外债成本的变动、国外援助规模的变动等,都会影响本国财政的收支状况。

(2)无弹性税制。税收的收入弹性小于1的税制称为无弹性税制。在无弹性税制情况下,随着生产的发展,国民收入增加,税收收入占 GDP 的比率无疑会下降,而财政支出一般不但不会减少反而还会增加。所以,相对减少的税收收入与绝对增加的财政支出不匹配,最终导致财政不平衡,或继续增加财政赤字规模。

(3)国有企业的经营状况。在我国,国有企业的经营状况是影响财政平衡与否的重要因素。这不仅是因为国有企业的生产经营活动在整个国民经济中占重要地位甚至是主导地位,还因为来自国有企业的财政收入在财政收入总额中占有很高的比重。国有企业生产经营状况的好坏,直接关系到国家财政的平衡状况。

(4)意外事件。一旦发生意外事故(比如某地发生强烈地震或闹水荒旱灾),增支减收是合情合理的,当年财政甚至以后年度的财政平衡与否都要受到影响。

2.【所属学科】国际经济学第四章。

【答题思路】本币对外贬值时,总体而言,是通过汇率贬值带来的商品出口价格下降,从而扩大商品出口。当国际收支出现逆差时,利用本币贬值,使出口的外币价格下降,促使出口增加,进口的本币价格上升,进口减少,从而调整收支。但是,在市场环境下,低价带来的商品需求扩大,势必会引起同行业厂商的市场反制行为,例如同步调整价格、进入出口商市场等市场行为。此外,对外贬值常以宽松的货币政策来达成,这会导致国内价格水平上升,从而对出口商品的生产带来影响。如果国内通货膨胀速度快于对外贬值速度,其真实汇率反而会上升。最后,本国出口的价格需求弹性与本国进口的价格需求弹性之和的绝对值大于1,即进出口对价格变化的反应程度较大。在满足以上几点后,对外贬值并不会带来收支条件的迅速改善。根据 J 曲线效应,本币贬值将先造成收支的继续恶化,然后才会好转。多数情况下,本币的贬值会使一国的贸易条件趋于恶化,只有在需求弹性大于供给弹性时才会改善。

3.【所属学科】社会主义经济学第七章。

【答题思路】可持续发展是指既满足现代人的需求,又不对后代满足其需求的能力构成危害的发展。它是人类发展观的重大进步,强调经济、社会、资源和环境保护的协调发展。总体来说,可持续发展理论内涵主要具有三个基本原则:

第一,持续性原则。人类经济和社会的发展不能超越资源和环境的承载能力。在"发展"的概念中还包含着制约因素,因此,在满足人类需要的过程中,必然有限制因素的存在。主要限制因素有人口数量、环境、资源,以及技术状况和社会组织对环境满足眼前和将来需要能力施加的限制。最主要的限制因素是人类赖以生存的物质基础——自然资源与环境。因此,持续性原则的核心是人类的经济和社会发展不能超越资源与环境的承载能力,从而真正将人类的当前利益与长远利益有机结合。

第二,公平性原则。公平性原则包括本代人之间的公平、代际间的公平和资源分配与利用的公平,可持续发展是一种机会、利益均等的发展。它既包括同代内区际的均衡发展,即一个地区的发展不应以损害其他地区的发展为代价;也包括代际的均衡发展,即既满足当代人的需要,又不损害后代的发展能力。该原则认为人类各代都处在同一生存空间,他们对这一空间中的自然资源和社会财富拥有同等享用权,他们应该拥有同等的生存权。因此,可持续发展把消除贫困作为重要问题提了出来,要优先解决贫困问题,要给各国、各地区的人及世世代代的人以平等的发展权。

第三,共同性原则。可持续发展体现了在国际发展事务中发展中国家与发达国家具有共同的责任和义务,世界各国应力求平等合作、共同协调发展的思想。可持续发展原则的确立,不仅标志着发达国家与发展中国家在合理利用地球资源、保护生态平衡方面终于基本达成共识,而且更重要的是标志着发展中国家在维护国家主权、争取平等共同发展方面,已经取得了具有历史意义的胜利。

4.【所属学科】社会主义经济学第一章。

【答题思路】实行按劳分配与按生产要素分配相结合,是社会主义市场经济的客观要求,也是社会主义市场经济收入分配制度的一个重要特点。按劳分配是社会主义制度在收入分配关系上的一个体现,按生产要素分配原则体现了市场经济的一般原则。

(1)按劳分配与按生产要素分配相结合是收入分配的劳动标准与所有权标准相结合。

按劳分配是公有制经济中通行的分配原则,其实质就是以劳动为尺度进行收入(或消费资料)的分配,劳动者取得的收入与其提供的劳动量成比例。按生产要素分配则是以所有权为标准,要素所有者依据其对生产要素的所有权参与收入分配,显然,这种情况下的收入分配就是以所有权为标准,在要素所有者之间进行的分配。公有制经济中,劳动标准支配着收入分配;非公有制经济中,所有权标准支配着收入分配;混合所有制经济的收入分配中,劳动标准和所有权标准二者兼有。

(2)按劳分配与按生产要素分配相结合是按劳分配的实现形式与按要素分配的实现形式的结合。

在社会主义市场经济条件下,由于各种生产条件的分配都要通过市场来进行,要素价格的决定与收入的分配联系在一起,因此按劳分配和按生产要素分配都要借助价格机制来实现。对于非公有制经济来说,要素的市场配置过程既是所有权的交易过程,同时也是所有权的实现过程,在这里,按要素分配就是按所有者提供的要素和要素的价格来分配,这种分配方式是建立在等价交换基础上的。按劳分配中通行着等量劳动相交换的原则,在社会主义市场经济条件下,这种等量劳动相交换不仅不能脱离等价交换,而且必须借助等价交换来实现。

四、论述与计算题

1.【所属学科】货币银行学第九章。

【答题思路】现行国际金融体系发端于1971年12月的《史密森协定》,其核心是以浮动汇率制度为主的国际货币安排。同时为消除过度的经济波动,国际货币基金组织继续充当各国之间经济政策的协调人和危机时的最后贷款人。在这种所谓"无制度"体系下,汇率波动剧烈,资本流动日益频繁,金融危机频发,尤其是进入 20 世纪 90 年代,国际性金融危机的不断爆发,使国际经济、金融活动的风险进一步加大,暴露出现存国际金融体系的脆弱性。

(1)国际金融体系脆弱性的主要表现为以下几点:

①汇率制度的脆弱性。钉住汇率制度降低了发展中国家调节经济的能力;相对稳定的汇率水平导致发展中国家在利用外资的过程中积累了大量风险;从理论上讲,钉住汇率制度加大了发展中国家遭受投机攻击的可能性。②多元货币储备体系的不稳定性。各国在调整储备货币结构的过程中加剧了金融市场的不稳定性。③国际货币基金组织缺乏权威性。发达国家和大国与发展中国家和小国在基金组织中的地位悬殊、国际货币基金组织独立性差使其不能客观有效地发挥权威作用和其应有的监督、预测和最后贷款人的职能。④新兴金融市场国家迫于经济政策压力实行金融自由化和放松管制,从而造成监管原则的不对称性。金融机构之间为了逃避监管实行一系列会产生道德风险的业务制度,使得监管系统冗余。

(2)金融危机以来,以美元为主导的现行国际金融体系的各种弊端逐渐暴露出来,对国际金融体系的改革由此展开。现行国际金融体系的改革重点主要集中在国际和地区两个层次上:

①国际货币基金组织的改革:扩大资金实力,新增 900 亿美元的基金份额;加强信息交流和发布功能,督促成员国信息披露;进一步推广关于数据公布的特殊标准,建立国际收支预警系统的政策;改革资金援助的限制;对发展中国家实施援助时,不再强调紧缩性的财政或货币政策;政策指导已转向结构调整和金融机构重组,尤其是 2009 年召开的伦敦 G20 金融峰会,特别强调加强 IMF 的改革,呼吁提高特别提款权的国际地位。②区域合作机制的建立:区域合作机制是国际货币基金组织的补充,目的是维护区域各国的经济和金融安全,确保经济的稳定发展。具体体现在:汇率制度合作(建立一揽子货币、创建共同货币);区域监督机制;威慑机制(增强区域整体形象);危机防范和互助机制。

2.【所属学科】西方经济学第四章。

【答题思路】(1)利润最大化时,要立刻想起的公式是 $MR = MC$。对于垄断厂商而言,求 MR 的方法是,先求出总收益 TR,再对 TR 求导,得到边际收益 MR,即 $TR = P \cdot Q = P(Q) \cdot Q$(一定要注意,$TR$、$MR$、$TC$、$MC$ 全是关于产量 Q 的函数关系)。对于完全竞争厂商而言,$MR = P$。

垄断者利润最大化的条件是

$$MR = MC$$

已知 $TC = 5Q^2 + 100Q$,所以有

$$MC = 10Q + 100$$

又因为 $P = 900 - 5Q$,所以 $TR = P \cdot Q = (900 - 5Q) \cdot Q$,即有

$$MR = 900 - 10Q$$

根据 $MR = MC$,有

$$10Q + 100 = 900 - 10Q$$

解得 $Q = 40$,此时 $P = 900 - 5Q = 700$。

代入计算,利润为

$$\pi = TR - TC = 16\,000$$

(2)当题目给定价格 $P = 600$ 时,虽然题目中分析的是垄断厂商,但由于价格给定,此时其边际收益 $MR = P = 600$。

当价格等于 600 时,根据 $P = MC$,有

$$MC = 10Q + 100 = 600$$

解得 $Q = 50$,此时,利润为

$$\pi = TR - TC = 12\,500$$

(3)当政府限定最高售价为 500 时,即表明 $P \leqslant 500$。

根据 $P = MC = 500$,有

$$MC = 10Q + 100 = 500$$

解得 $Q = 40$,此时,利润为

$$\pi = TR - TC = 8\,000$$

当 $P = 500$ 时,市场需求应该是 $Q = 80$,但是厂商只生产 40,所以市场发生短缺。

(4)垄断厂商根据 $MR = MC$ 定价,可以获得超额利润,但是会出现市场效率损失,政府通过反垄断可以避免这种效率的损失。根据第(2)小问可知,政府反垄断可以通过引进国际竞争市场进行,而且该手段是有效的。根据第(3)小问可知,政府限价反垄断也有效,而且限价可以达到与完全垄断时相同的产量,但是却降低了价格。

2010年同等学力人员申请硕士学位
学科综合水平全国统一考试经济学试卷

一、单项选择题(每小题2分,共16分)

1.经济政策的基本目标是( )。

①经济增长 ②物价稳定
③效率、增长、稳定 ④分配公正
⑤国际收支平衡 ⑥经济福利

A.①② B.③④⑤ C.③④⑥ D.②④⑥

2.某地区对新汽车需求的价格弹性 $E_d=-1.2$,需求的收入弹性 $E_y=3.0$,在其他条件不变的情况下,( )。

A.价格提高1%将导致需求增加1.2%
B.收入增加2%将导致需求减少6.0%
C.价格提高3%将导致需求减少3.6%
D.收入增加4%将导致需求增加4.8%

3.在两部门经济中,若消费函数表示为 $C=100+0.6Y$,这表明( )。

A.边际储蓄倾向等于0.6
B.边际消费倾向与边际储蓄倾向之和等于100
C.边际储蓄倾向与平均消费倾向之和等于1
D.平均储蓄倾向与平均消费倾向之和等于1

4.货币市场存款账户是一种( )。

A.负债业务的创新 B.资产业务的创新
C.中间业务的创新 D.清算业务的创新

5.根据最优货币区理论,最优货币区的条件为( )。

①要素市场融合 ②价格与工资弹性
③商品市场高度融合 ④国际收支顺差
⑤宏观经济协调和政治融合 ⑥金融市场融合

A.①②④⑥ B.①②③④⑥ C.①②③⑤⑥ D.①③④⑥

6.利用货币对外贬值调节一国国际收支逆差,需要符合马歇尔-勒纳条件,即本国出口的价格弹性与本国进口的价格弹性之和的绝对值( )。

A.大于1 B.小于1 C.等于1 D.小于0

7.税收负担分配的"能力原则",要求纳税人应该按照他们的支付能力纳税。以下( )可以用来衡量个人的支付能力。

①所得标准 ②支出标准
③财富标准 ④政府规定的其他标准

A.①②③ B.①②④ C.②③④ D.①③④

8.我国社会保障制度的内容包括( )。

①社会保险　　　　②社会救济　　　　③社会福利

④社会优抚　　　　⑤社会捐赠

A.①②③　　　　B.①②③⑤　　　　C.②③④　　　　D.①②③④

二、名词解释(每小题 3 分,共 12 分)

1.自然失业率

2.科斯定理

3.公共定价法

4.里昂惕夫反论

三、简答题(每小题 8 分,共 32 分)

1.什么是平均可变成本、平均成本和边际成本?作图说明三者之间的关系。

2.试作图说明主流经济学派的总需求曲线是如何得到的。

3.试说明评估政府支出项目时使用的"成本-效益分析法"与"最低费用选择法"的不同之处。

4.试推导贸易乘数公式。

四、论述题(每小题 20 分,共 40 分)

1.产权明晰化的含义是什么?为什么实现产权明晰化有助于提高国有企业的效率?

2.试分别阐述"社会利益论""金融风险论"及"投资者利益保护论"关于金融监管必要性的理论。

答案与解析

一、单项选择题

1. 【正确答案】C

【所属学科】社会主义经济学第十章。

【难易程度】简单

【考点解析】经济政策的基本目标大体上可以分为效率、增长、稳定,经济福利,分配公正。而经济增长、物价稳定、国际收支平衡是经济政策的基本目标派生出的具体目标。

2. 【正确答案】C

【所属学科】西方经济学第二章。

【难易程度】中等

【考点解析】注意需求的价格弹性与需求的收入弹性的计算方法及其经济含义。

3. 【正确答案】D

【所属学科】西方经济学第十章。

【难易程度】中等

【考点解析】边际储蓄倾向是指在增加1单位收入中增加的储蓄所占的比重。边际消费倾向则是指增加1单位收入中用来消费的比重。由于 $Y=C+S$,因此边际储蓄倾向与边际消费倾向之和为1。平均储蓄倾向是指任一收入水平上储蓄在收入中所占的比重,平均消费倾向指的是任一收入水平上消费在收入中所占的比重,两者之和也为1。在本题中,边际消费倾向是消费函数 C 对国民收入 Y 求导后的结果,为0.6。因此边际储蓄倾向应为0.4。综上,答案为D。

4. 【正确答案】A

【所属学科】货币银行学第四章。

【难易程度】简单

【考点解析】对于银行而言,其负债业务包含存款业务。货币市场存款账户是西方商业银行为竞争存款而开办的一种业务。开立这种账户,可支付较高利率,并可以浮动,还可使用支票。这一账户的存款者可定期收到一份结算单,记载所得利息、存款余额、提款或转账支付的数额等,属于银行负债业务的创新。

5. 【正确答案】C

【所属学科】国际经济学第九章。

【难易程度】中等

【考点解析】最优货币区的条件包括价格与工资弹性、要素市场融合、金融市场融合、商品市场高度融合、宏观经济协调与政治融合等方面,因此答案为C。

6. 【正确答案】A

【所属学科】国际经济学第八章。

【难易程度】中等

【考点解析】马歇尔-勒纳条件指的是,本国出口的价格弹性与本国进口的价格弹性之和的绝对值大于1,也即进出口对价格变化的反应程度较大。

7.【正确答案】A

【所属学科】财政学第四章。

【难易程度】中等

【考点解析】税收负担分配的能力原则中,用来衡量支付能力的尺度分成主观尺度与客观尺度。其中,主观尺度强调的是纳税人在纳税后的边际效应应该相同(在税务实践中很难应用),客观尺度的标准有所得标准、支出标准、财富标准。

8.【正确答案】D

【所属学科】财政学第三章。

【难易程度】简单

【考点解析】我国社会保障制度的内容包括社会保险、社会救济、社会福利和社会优抚,不包括社会捐赠。

二、名词解释

1.【所属学科】宏观经济学第十五章。

【答题思路】自然失业率是指充分就业下的失业率,是失业率围绕其波动的平均水平。自然失业率是一个不会造成通货膨胀的失业率,也是劳动市场处于供求稳定状态的失业率。从整个经济发展情况来看,任何时候都会有一些正在寻找工作的人,经济学家把这种情况下的失业率称为自然失业率,所以,经济学家对自然失业率的定义,有时被称作"充分就业状态下的失业率",有时也被称作"无加速通货膨胀下的失业率"。失业率高于自然失业率时,工资有下降压力;失业率低于自然失业率时,工资有上升压力。

2.【所属学科】西方经济学第七章。

【答题思路】科斯定理是科斯为解决外部性问题而提出的一个方案。他认为,在某些条件下,经济的外部性或者说非效率可以通过当事人的谈判而得到纠正,从而达到社会效益最大化。其内容可以表述为:只要财产权是明确的,并允许经济当事人进行自由谈判,那么在交易成本为零或者很小的条件下,无论在开始时产权赋予谁,市场均衡的最终结果都是有效率的。这一结论包含三个要素:①交易费用为零;②产权界定清晰;③自由交易。由此引申出来的第二定理是:在交易费用不为零的条件下,不同的产权制度会影响资源配置的效率。科斯定理现已成为制度经济学的一个重要结论。

3.【所属学科】财政学第二章。

【答题思路】公共定价法是针对政府提供的满足社会公共需要的"市场性物品",通过选择适当的定价方法,合理地确定价格,从而使这些物品和服务得到最有效的使用,提高财政支出效益的一种方法。公共定价法包括两个方面:一是纯公共定价法,即政府直接制定自然垄断行业的价格;二是管制定价或价格管制,即政府规定竞争性管制行业(如金融、农业、教育和保健等行业)的价格。政府使用公共定价法,目的不仅在于提高整个社会资源的配置效率,而且更重要的是使这些物品和服务得到最有效的使用,提高财政支出的效率。公共定价法包括平均成本定价法、二部定价法和负荷定价法。平均成本定价法是指政府在保持企业收支平衡的情况下,采取尽可能使经济福利最大化的定价方式。二部定价法是指由两种要素构成定价体系,一是与使用量无关的按月或年支付的基本费,二是按使用量支付的从量费。负荷定价法是指根据不同时间段或时期的需要制定不同的价格。

4.【所属学科】国际经济学第三章。

【答题思路】里昂惕夫反论是指经验证明与人们的印象相反(H－O)的一种情况。里昂惕夫用投入-产出模型对美国20世纪40年代和50年代的对外贸易情况进行了分析,考察了美国出口产品的资本-劳动比,发现美国参加国际分工是建立在劳动密集型专业分工基础之上的(即出口产品中的资本-劳动比低于进口替代产品),而不是建立在资本密集型专业化分工基础之上的(即美国是通过对外贸易安排剩余劳动力和节约资本)。这与早期的H-O理论对国际贸易分工的解释是不同的。里昂惕夫个人认为,这种现象可能是美国工人的劳动效率比其他国家工人的劳动效率高所造成的。他认为美国工人的劳动生产率大约是其他国家工人的三倍。因此,在劳动以效率单位衡量的条件下,美国就成为劳动要素相对丰富、资本要素相对稀缺的国家。这是他本人对这个"谜"的解释。为什么美国工人的劳动效率比其他国家高呢? 他说这是由于美国企业管理水平较高,工人所受的教育和培训较多、较好,以及美国工人进取精神较强的结果。这些论点,可以看作熟练劳动或人类技能说的雏形。但学术界对此解释仍有诸多质疑,目前还没有能被经济学界广为接受的关于这一现象的解释。

三、简答题

1.【所属学科】西方经济学第四章。

【答题思路】(1)平均可变成本是生产每一单位产品购买可变要素所耗费的成本;平均成本是生产每一单位产品购买的可变要素与不变要素所耗费的成本;边际成本是每增加一单位产品所增加的成本量。

(2)边际成本MC的变动规律是:开始时,边际成本MC随产量的增加而下降,当产量增加到一定程度时,就随产量的增加而增加,即边际成本MC是一条先下降后上升的U形曲线。

(3)如图1所示:平均成本AC高于平均可变成本AVC,且相互之间的距离越来越接近。边际成本MC与平均成本AC相交于平均成本AC的最低点,相交前,$MC<AC$,平均成本AC下降;相交后,$MC>AC$,平均成本AC上升;相交时,$MC=AC$,平均成本AC最低。同理,边际成本MC与平均可变成本AVC相交于AVC的最低点,$MC=AVC$时,平均可变成本AVC最低。

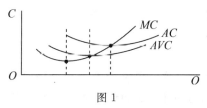

图1

2.【所属学科】西方经济学第十二章。

【答题思路】(1)总需求是指经济社会对产品和劳务的需求总量。表示经济中的总需求量与价格总水平之间对应关系的曲线就是总需求曲线。随着价格总水平的提高,经济社会中的消费需求量和投资需求量减少,因而总需求量通常与价格总水平呈反向变动关系。总需求曲线向右下方倾斜。

(2)总需求函数可以通过产品市场和货币市场的一般均衡条件推导出来。假定投资函数为$I=I(r)$,储蓄函数为$S=S(y)$,货币需求为$L=L_1(y)+L_2(r)$,货币供给为$m=M/P$。在名义货币量M既定的条件下,联立方程$I=I(r)$和$L=m$,消除利率可求得总需求函数。

(3)总需求曲线的图形推导如图2和图3所示。

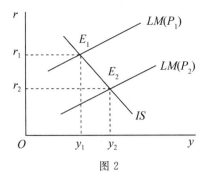

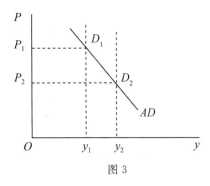

图2   图3

3.【所属学科】财政学第二章。

【答题思路】(1)成本-效益分析法:成本-效益分析是通过比较项目的全部成本和效益来评估项目价值的一种方法。成本-效益分析作为一种经济决策方法,将成本费用分析法运用于政府部门的计划决策之中,以寻求在投资决策上如何以最小的成本获得最大的收益,常用于评估需要量化社会效益的公共事业项目的价值。在政府使用成本-效益分析法的过程中,就是针对政府确定的建设目标,提出若干实现建设目标的方案,详列各种方案的全部预期成本和全部预期效益,通过分析比较,选出最优的政府投资项目。成本-效益分析法包含了两个过程:第一个过程是政府确定备选项目和备选方案,第二个过程是政府选择方案和项目的过程。成本-效益分析法的运用,最关键的问题是如何确定项目的效率、成本和贴现率。在项目选择的过程中,一般的原则是选择支出既定情况下的净社会效益最大的项目。成本-效益分析方法往往运用于政府投资项目的评价。

(2)最低费用选择法:最低费用选择法一般不用货币单位来计量备选的财政支出项目的社会效益,只计算每项备选项目的有形成本,并以成本最低为择优的标准。运用最低费用选择法时,首先要提出多种备选方案,计算出备选方案的有形费用,并按照费用的高低排出顺序,以供决策者选择。这种方法适用于事业单位的支出评价。目前,最低费用选择法在政府招投标的过程中遇到了一些问题,最低费用选择法并不能保证项目的质量,有时甚至出现了供应商为了竞标压低价格,然后再在项目建设中偷工减料以此来赚取利润的现象。

(3)两者的不同主要体现在使用范围不同及具体操作流程不同。

4.【所属学科】国际经济学第八章。

【答题思路】(1)在开放条件下,对外贸易的增长可以使国民收入成倍增加,贸易乘数探讨对外贸易与国民收入和就业之间的关系,描述了开放经济体系内部出口促进经济增长的动态过程。

(2)从总需求角度有

$$Y = C + I + G + X$$

从总供给角度有

$$Y = C + S + T + M$$

令 $T = G$,变换得

$$C + I + X = C + S + M$$

$$I + X = S + M$$

设 $\mathrm{d}I$ 为投资增量,$\mathrm{d}X$ 为出口增量,$\mathrm{d}S$ 为储蓄增量,$\mathrm{d}M$ 为进口增量,则有

$$\mathrm{d}I + \mathrm{d}X = \mathrm{d}S + \mathrm{d}M$$

变形后,有

$$dI + dX = (dS/dY + dM/dY)dY$$

$$dY = (dI + dX)[1/(dS/dY + dM/dY)]$$

若令 $dS = dI = 0$,则有

$$dY/dX = 1/(dM/dY)$$

四、论述题

1.【所属学科】社会主义经济学第四章。

【答题思路】(1)产权是一种通过社会强制而实现的对某种经济物品的多种用途进行选择的权利。也就是说,产权不是一种而是一组权利,它包括使用权、收益权、转让权。产权制度指既定产权关系和产权规则结合而成的且能对产权关系实现有效的组合、调节和保护的制度安排。

按照著名的科斯定理,在交易费用大于零的条件下,权利的初始安排与资源配置效率有关,即产权对于提高资源配置的效率来说是非常重要的。为了建立完善的社会主义市场经济体制,提高国有企业的效率就必须明确产权关系,即以资产来界定当事人占有稀缺资源的权利。

(2)产权明晰化的含义是指,要以法律形式明确企业出资者与企业基本财产的关系,即企业在产权关系方面的资产所有权及相关权利的归属明确、清晰。它是现代企业制度在产权关系方面所表现出来的特征。市场经济发展的实践表明,只有当稀缺资源的财产所有权被清晰地加以界定的时候,市场才会是有效率的。产权明晰要求有明确的产权主体,对相关资产行使占有、使用、处置和收益等权利;有清晰的产权边界;厘清产权关系;权责相等。

(3)产权明晰化有助于提高国有企业的效率。国有企业中产权主体主要体现在两个方面,一个就是资本所有者缺位,另一个就是经营者缺位。

一方面,从法律上来说,国有企业的所有者为全体人民,是全民所有,但是不能体现在经济运行当中。资本所有者缺位体现在经济运行当中,虽然法律上有明确的所有者,但是没有可操作性。缺位了的资本所有者无法直接享有或分享资本收益的权利,因此也就无法对企业运行实行有效的监督。这种体制注定是缺乏活力的,又没有有效的约束,难以防止资产流失,最终将导致国有资产无法实现保值、增值。所以法律上的产权清晰不代表经济实质上的产权清晰,企业经营运转不仅仅需要体现在法律上,也需要体现在经济实质上。

另一方面,经营者缺位不是指缺少厂长、经理,而是缺少能遵守市场规则、有经营者素质、能独立决策的职业经理。经营者素质是指具有风险意识、有效地防止市场风险、承担市场风险的能力。目前我国国有企业经营者多数是上级行政部门任命的技术方面的专家,但在企业管理上并不十分专业,因此对于市场的风险意识、企业的经营运行、资本的保值增值都无力保证。即使某些经营者受责任心与事业心的驱使,在竞争中成长起来、在失败中吸取教训,已经具备了职业经理的素质,但在目前的产权制度下,他们并不能发挥职业经理的作用,也不能创出本应创造的价值,因为行政力量还在左右着他们的经营决策和行为。

从上述分析可见,产权主体模糊从表面上看是国有企业效率低下甚至亏损,但本质上是对股东利益的损害、对股东主权的掠夺。国家所有、人民所有这个主体太笼统、太庞大。目前国有企业的利益主体是全体人民,但直接控制企业的往往是不同的利益主体,维护的不是全体人民的利益,而是自己的利益。主体明确、产权高度清晰才是建立现代市场体系的基础,是解决国有企业各种问题的根源。只有股东维护自己的利益、经营者维护股东的利益才是正确的方向。

2.【所属学科】货币银行学第六章。

【答题思路】(1)社会利益论认为,由于市场缺陷的存在,有必要让代表公众利益的政府在一定程度上介入经济生活,通过管制来纠正或消除市场缺陷,以达到提高社会资源配置效率、降低社会福利损失的目的。

(2)金融风险论认为,金融风险的特性决定了必须实施监管,以确保整个金融体系的安全与稳定。

首先,银行业的资本只占很小的比例,大量的资产业务都要靠负债来支撑。其次,金融业具有发生支付危机的连锁效应。最后,金融体系的风险直接影响着货币制度和宏观经济的稳定。

(3)投资者利益保护论建立在这样一个基础上,即假定完全竞争市场上的价格可以反映所有的信息,但在现实中却大量存在着信息不对称的现象。在信息不对称或信息不完全的情况下,拥有信息优势的一方可能利用这一优势来损害信息劣势方的利益,于是就提出了这样的监管要求:有必要对信息优势方(主要是金融机构)的行为加以规范和约束,从而为投资者创造公平、公正的投资环境。

2011年同等学力人员申请硕士学位
学科综合水平全国统一考试经济学试卷

一、单项选择题(每小题2分,共16分)

1.《2010年国民经济和社会发展统计公报》数据显示,经初步核算,我国2010年第一产业增加值40 497亿元,第二产业增加值186 481亿元,第三产业增加值171 005亿元。这意味着,2010年我国(　　)为397 983亿元。

  A.实际国内生产总值   B.名义国内生产总值

  C.实际国民生产总值   D.名义居民可支配收入

2.已知某完全垄断厂商的产品需求函数为 $P=12-0.4Q$,总成本函数为 $TC=0.6Q^2+4Q+5$,可求得垄断者(　　)。

  A.实现利润最大化时的产量是10

  B.实现利润最大化时的价格是8

  C.实现利润最大化时的边际成本是16

  D.所能实现的最大利润为11

3.古典汇率决定论包括(　　)。

  ①购买力平价理论   ②利率平价理论

  ③国际借贷理论   ④汇兑心理理论

  ⑤铸币平价理论

  A.①②③④   B.①②④⑤   C.①③④⑤   D.①②③⑤

4.国际收支表的经常账户包括(　　)。

  ①货物   ②服务   ③收入

  ④经常转移   ⑤国际头寸

  A.①②③⑤   B.①②③④   C.②③④⑤   D.①②④⑤

5.研究财政支出结构的经济效应具有重要意义,因其对宏观经济变量产生直接影响。不过,以下不属于财政支出结构的经济效应的是(　　)。

  ①增长效应   ②排挤效应   ③财务效应

  ④储蓄效应   ⑤组织效应   ⑥消费效应

  A.①③④   B.②④⑥   C.③⑤⑥   D.①③⑥

6.财政支出持续增长趋势似乎是市场经济国家经济发展中的一种必然现象。许多经济学家研究了这一现象并提出相应的理论。以下哪些通常被用于解释财政支出规模增长趋势?(　　)

  ①政府活动扩张论   ②梯度渐进增长论

  ③经济发展阶段论   ④官僚行为增长论

  A.①③④   B.①②   C.①②③④   D.③

7.狭义的表外业务是指(　　)。

  A.存款货币银行形成其资金来源的业务

  B.存款货币银行运用其所吸收的资金的业务

C. 未列入银行资产负债表且不影响银行资产负债总额的业务

D. 未列入银行资产负债表且不影响银行资产负债总额,但却会产生风险的业务

8. "华盛顿共识"秉承了(　　)。

A. 凯恩斯主义的经济思想

B. 亚当·斯密的自由竞争经济思想

C. 货币主义学派的经济思想

D. 国家干预主义的经济思想

二、名词解释(每小题 3 分,共 12 分)

1. 等产量线

2. 货币工资刚性

3. 所有权特定优势

4. 购买性支出和转移性支出

三、简答题(每小题 8 分,共 32 分)

1. 用基数效用论解释需求曲线为什么向右下方倾斜。

2. 分析通货膨胀的成因及治理对策。

3. 简述三元悖论的含义。

4. 简述税负转嫁的影响因素。

四、论述题(每小题 20 分,共 40 分)

1. 试述准备金政策和公开市场业务操作的含义、作用过程及特点。

2. 用利益相关者合作逻辑,谈谈国有企业改革的共同治理原则。

答案与解析

一、单项选择题

1.【正确答案】B

【所属学科】微观经济学第八章。

【难易程度】简单

【考点解析】名义国内生产总值是按物品和劳务的当年价格计算的国民收入。实际国内生产总值是用以前某一年作为基年,按基年价格即不变价格计算的国民收入,或者说是用价格指数折算之后的国民收入。引入这两个概念的目的在于弄清国民收入变动是由产量变动还是由价格变动引起的。此外,要注意国内生产总值与国民生产总值之间的区别。国内生产总值核算范围是一国之内,包括境内的外国人,不包括境外本国人的生产价值。国民生产总值核算的是本国国民,即便本国国民身处外国,也纳入核算范围。因此答案为 B。

2.【正确答案】D

【所属学科】西方经济学第四章。

【难易程度】中等

【考点解析】垄断者实现利润最大化时的条件是 $MR = MC$。由 TC 的表达式可得,其边际成本 $MC = 1.2Q + 4$。由 $P = 12 - 0.4Q$ 得 $TR = 12Q - 0.4Q^2$,因此 $MR = 12 - 0.8Q$。令 $MC = MR$,解得 $Q = 4$。此时利润 $= TR - TC = 11$。答案为 D。

3.【正确答案】C

【所属学科】国际经济学第六章。

【难易程度】中等

【考点解析】古典汇率决定论包括铸币平价理论、国际借贷理论、传统购买力平价理论、汇兑心理理论,因此答案为 C。

4.【正确答案】B

【所属学科】国际经济学第五章。

【难易程度】简单

【考点解析】国际收支表的经常账户包括货物、服务、收入、经常转移,不包括国际头寸。

5.【正确答案】C

【所属学科】国际经济学第九章。

【难易程度】中等

【考点解析】③⑤⑥不属于财政支出结构对宏观经济的影响,而是其对微观经济部门的影响。

6.【正确答案】C

【所属学科】财政学第二章。

【难易程度】简单

【考点解析】①②③④均是财政支出规模增长的理论解释。

7.【正确答案】D

【所属学科】货币银行学第四章。

【难易程度】中等

【考点解析】表外业务是指凡未列入银行资产负债表内且不影响资产负债总额的业务。广义的表外业务既包括传统的中间业务,又包括金融创新中产生的一些有风险的业务。通常提及的表外业务专指后一类有风险的业务,属狭义表外业务。因此答案为D。

8.【正确答案】B

【所属学科】社会主义经济学第三章。

【难易程度】简单

【考点解析】"华盛顿共识"最初是由曾担任世界银行经济学家的约翰·威廉姆森提出来的。"华盛顿共识"的核心内容是私有产权条件下的资本与市场的全面开放,又称为"新自由主义的政策宣言"。因此,它秉承了亚当·斯密的自由竞争经济思想,答案为B。

二、名词解释

1.【所属学科】西方经济学第三章。

【答题思路】等产量线指的是在技术水平不变的条件下,生产同一产量的产品所需生产要素的各种不同组合描述出的轨迹。等产量线的基本特征:①有无数条,每一条代表着一个产量,并且离原点越远,产量就越大;②任意两条等产量线不相交;③向右下方倾斜;④凸向原点。其中,等产量线凸向原点由边际技术替代率递减规律决定。

2.【所属学科】西方经济学第十二章。

【答题思路】货币工资不随劳动需求和供给的变化而迅速做出相应的调整,特别是,当劳动的需求量低于供给量时,货币工资下降出现刚性。这主要是因为劳动者存在着对货币收入的幻觉。货币工资刚性成为凯恩斯主义解释宏观经济波动的理论基础。目前的宏观政策有意识地保持货币幻觉,在货币供应量增长的同时,投资趋热,在这一过程中,生产资料价格最先上涨。一般地,货币政策的作用有两方面:一是产出效应,二是价格效应。如果扩张性货币政策是以通货膨胀来换取产出增长,我们就认为这种政策有着暂时的"货币幻觉"。货币幻觉一旦消失,就全部转化为通货膨胀。

3.【所属学科】国际经济学第十章。

【答题思路】所有权特定优势是国际生产折衷理论的基本内容之一,是指企业具有的组织管理能力、金融融资方面的优势、技术方面的特点和优势、企业的规模与其垄断地位及其他能力,这些优势组成了企业比投资所在国公司更大的优势,可以克服企业在国外生产碰到的附加成本和制度风险。这主要表现为企业所拥有的某些无形资产,特别是专利、专有技术和其他知识产权。简单地说就是指企业拥有或掌握某种财产权和无形资产的优势。

4.【所属学科】财政学第二章。

【答题思路】财政支出按照经济性质分类,可以分为购买性支出和转移性支出。购买性支出是指政府购买商品和服务的开支,包括购买进行日常政务活动所需的或用于国家投资所需的商品和服务的支出,它体现的是政府的市场再分配活动。在财政支出中,购买性支出所占的比重越大,财政活动对生产和就业的直接影响就越大,通过财政所配置的资源的规模也就越大。购买性支出是占较大比重的财政活动,执行资源配置的职能较强。转移性支出指政府无偿向居民和企业、事业以及其他单位供给财政资金,即政府按照一定方式,把一部分财政资金无偿地、单方面转移给居民和其他收益者的支出。

三、简答题

1.【所属学科】西方经济学第二章。

【答题思路】消费者的需求曲线向右下方倾斜是由需求曲线背后的消费者行为所决定的。在基数效用论下,它取决于边际效用递减规律。

基数效用论假设消费者消费一定数量的商品组合所获得的效用是可以用基数加以度量的,并且在其他条件不变的情况下,增加一单位商品的消费所增加的效用是递减的,即边际效用服从递减规律。据此,追求效用最大化的消费者在选择消费商品时,都会以货币的边际效用为标准,衡量增加商品消费的边际效用,以便获得最大满足。

消费者效用最大化的条件是 $MU/P = \lambda$。它表示为了获得最大效用,消费者购买任意一种商品时,应使每单位货币购买该商品所带来的边际效用都相同,恰好等于一单位货币的边际效用。

随着商品价格的提高,消费的商品数量也减少,以便用于购买商品的每单位货币的边际效用与持有货币时相同。这说明,价格与消费者的需求量之间呈反方向变动,即消费者的需求曲线向右下方倾斜。

2.【所属学科】西方经济学第十四章。

【答题思路】通货膨胀是宏观经济运行过程中出现的一般价格水平的持续和显著的上涨。由于宏观经济均衡可以简要地概括为总需求和总供给的均衡,因而通货膨胀的成因也主要表现为需求拉动和成本推动。

(1)需求拉动的通货膨胀,是指总需求增加所引起的一般价格水平的持续和显著的上涨。消费需求、投资需求、政府需求和国外需求增加都会对社会总需求的增加产生影响。如图1所示,在总供给曲线既定的条件下,总需求增加即总需求曲线向右上方移动,导致一般价格水平上涨。

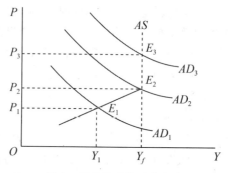

图 1　需求拉动的通货膨胀

但在经济处于不同状况时,需求拉动对价格总水平的影响也不相同。在经济处于萧条时期,总需求增加对一般价格水平的影响较小;而在经济处于潜在产出或充分就业状态时,总供给增加会遇到生产能力的限制,因而总需求增加主要会增加通货膨胀的压力。

对于需求拉动的通货膨胀,可供政府采取的方案是人为地制造衰退。既然通货膨胀是由于超额总需求所致,那么降低总需求水平,从而增加失业、减少收入,则会使得通货膨胀率降低。制造的衰退幅度越大,通货膨胀率下降的速度也就越快。

(2)成本推动的通货膨胀,是指在没有超额需求的情况下,由于供给成本的提高而引起的一般价格水平持续和显著的上涨。成本推动主要包括工资和利润推动。无论是工资还是利润,如果超过一般价格水平的上涨速度,则会对商品和劳务价格的进一步上涨形成压力。实践中,工会对工资增长率的要求以及垄断厂商借用市场支配力索要高价都会对生产成本的增加产生影响。如果要素收入的增长超过要素生产率的增长,就会产生成本推动的通货膨胀。

在总需求既定的条件下,成本推动的通货膨胀表现为总供给曲线向左上方移动导致一般价格水平提高。

对成本推动的通货膨胀,政府主要采取收入政策逆转通货膨胀。收入政策是政府为了降低通货膨胀率而对货币收入和价格采取的强制性或非强制性的政策。收入政策往往借助于工资、价格管制、收入指数化和一定的税收政策来实现。

政府采取的工资、价格管制手段主要有:对工资和价格进行直接控制;对工资和价格规定指导性指标;对厂商和工会进行道义劝告。通过这些手段,以期达到限制产品价格和工资上涨幅度的目的。这种手段一般短期内较为有效,但长期内会对市场机制起到限制作用。

收入指数化是以条文规定的形式把工资等收入与某种物价指数联系起来,当物价上升时,收入也随之上升。例如,政府规定,工人工资的增长率等于通货膨胀率加上经济增长率。收入指数化政策侧重于消除通货膨胀对收入的影响。

除此之外,政府也采用以税收为基础的收入政策作为补充。为了更好地使指导性的工资、价格政策有效,国家对那些执行政策的经济当事人给予一定的税收优惠,同时惩罚违规者,以便促进通货膨胀率的下降。

(3)结构性通货膨胀。经济活动可以分为两个部分:一是劳动生产率不断提高的先进部门(工业部门);二是劳动生产率保持不变的保守部门(服务部门)。当前者由于劳动生产率的提高而增加货币工资时,由于攀比,后者的货币工资也以同样的比例提高。在成本加成定价的通常做法下,整个经济必然产生一种由工资成本推进的通货膨胀。因此,在经济结构的变化中,某一部门的工资上升将引起其他部门向它看齐,从而以同一比例上升。

(4)通货膨胀的成因往往是多种因素交织在一起,因而政府逆转通货膨胀的政策也并非是单一的,往往是各种政策搭配使用。

3.【所属学科】国际经济学第八章。

【答题思路】三元悖论是由美国经济学家保罗·克鲁格曼就开放经济下的政策选择问题所提出的,其含义是在开放经济条件下,本国货币政策的独立性、固定汇率、资本的自由进出不能同时实现,最多只能同时满足两个目标,而放弃另外一个目标来实现调控的目的。三元悖论原则可以用图2来直观表示。三元悖论是指图中心位置的灰色三角形,即在资本完全流动的情况下,如果实行严格的固定汇率制

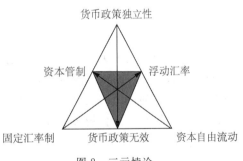

图2 三元悖论

度,则没有货币政策的完全独立;如果货币政策完全独立,则必须放弃固定汇率制度;如果要使固定汇率制度和货币政策独立性同时兼得,则必须实行资本管制。也就是在灰色三角形中,三个角点只能三选二。

4.【所属学科】财政学第四章。

【答题思路】税负转嫁是指在商品交换过程中,纳税人通过提高销售价格或压低购进价格

的方法,将税负转嫁给购买者或供应者的一种经济现象。税负转嫁的方式主要有前转、后转、混转、消转等。其中,前转指纳税人将其所纳税款顺着商品流转方向,通过提高商品价格的办法,转嫁给商品的购买者或最终消费者。后转即纳税人将其所纳税款逆商品流转的方向,以压低购进商品价格的办法,向后转移给商品的提供者。混转又叫散转,是指纳税人将自己缴纳的税款分散转嫁给多方负担。混转是在税款不能完全向前顺转,又不能完全向后逆转时采用。消转是指纳税人用降低课税品成本的办法使税负在新增利润中求得抵补的转嫁方式。即纳税人在不提高售价的前提下,以改进生产技术、提高工作效率、节约原材料、降低生产成本的方式,从而将所缴纳的税款在所增利润中求得补偿。在价格可以自由浮动的前提下,税负转嫁的程度还受诸多因素的制约,主要有:

(1)供求弹性的大小。供给弹性较大,需求弹性较小的商品的课税较易转嫁;供给弹性较小,需求弹性较大的商品的课税不易转嫁。

(2)税种的性质不同。商品课税较易转嫁,所得课税一般不能转嫁。税负转嫁的最主要方式是变动商品的价格,因而,以商品为课税对象,与商品价格关系密切的增值税、消费税、关税等比较容易转嫁,而与商品及商品价格关系不密切或距离较远的所得税往往难以转嫁。

(3)课税范围的宽窄。课税范围较宽的商品较易转嫁,课税范围窄的商品难以转嫁。因为课税范围宽,消费者难以找到应税商品的替代品,只能购买因征税而加了价的商品。

(4)税负转嫁与经营者利润的增减关系。生产者利润目标与税负转嫁也有一定关系。经营者为了全部转嫁税负必须把商品售价提高到一定水平,而售价提高就会影响销量,进而影响经营总利润。此时,经营者必须比较税负转嫁所得与商品销售量减少的损失,若后者大于前者,则经营者宁愿负担一部分税款以保证商品的销售量。

四、论述题

1.【所属学科】货币银行学第七章。

【答题思路】(1)存款准备金政策,是指中央银行在法律所赋予的权力范围内,通过规定或调整商业银行在中央银行的存款准备金比率,控制商业银行的信用创造能力,间接地控制货币供应量的政策措施。

内容主要包括:①规定存款准备金比率;②规定可充当法定存款准备金的资产种类;③规定存款准备金的计提基础;④规定存款准备金比率的调整幅度。

作用过程:当中央银行提高法定存款准备金比率,一方面增加了商业银行应上缴中央银行的法定存款准备金,减少了商业银行的超额存款准备金;另一方面,法定存款准备金比率的提高,使货币乘数变小。这两方面降低了商业银行体系创造信用和扩大信用规模的能力,其结果是社会的银根抽紧,利率提高,投资及社会支出相应缩减。反之则相反。

存款准备金政策对于市场利率、货币供应量、公众预期等都会产生强烈的影响,不利于货币的稳定,也使中央银行很难确定调整时机和调整幅度,因而不宜随时使用。

(2)公开市场政策,是指中央银行在金融市场上公开买卖各种有价证券,以控制货币供应量,影响市场利率水平的政策措施。

作用过程:当金融市场上资金缺乏时,中央银行就通过公开市场业务买进有价证券,这实际上相当于投放一笔基础货币。这些基础货币如果流入社会大众手中,则会直接地增加社会货币供应量;如果流入商业银行,会使商业银行的超额准备金增加,并通过货币乘数作用,使商业银行的信用规模扩大,社会的货币供应量成倍增加。反之,当金融市场上货币过多时,中央银行就可卖出有价证券,以减少基础货币,使货币供应量减少、信用紧缩。

公开市场业务的优越性表现在:①主动性强;②灵活性高;③调控效果平缓,震动性小;④影响范围广。

2.【所属学科】社会主义市场经济学第四章。

【答题思路】"利益相关者合作逻辑"与"股东至上逻辑"的根本区别在于,公司的目标是为利益相关者服务,而不仅仅是追求股东的利益最大化。

公司是利益相关者相互之间缔结的"契约网",各利益相关者投入企业物质资本和人力资本,目的在于获取个人生产无法获得的合作收益。"合作逻辑"并不否认每个产权主体的自利追求,而是强调理性的产权主体,把公司的适应能力看作自身利益的源泉。因此一个体现和贯彻"合作逻辑"的治理结构必须让每个产权主体都有参与企业所有权分配的机会。企业所有权现实的分配结构是产权主体相互谈判的结果。

贯彻"合作逻辑"的治理结构就是"共同治理"机制,它强调决策的共同参与与监督的相互制约。具体来说,就是董事会、监事会要有股东以外的利益相关者代表。

共同治理模式的核心是经济民主化。它包括两个并行的机制:董事会和监事会。董事会中的共同治理机制确保产权主体有平等的机会参与公司重大决策;监事会中的共同治理机制则是确保各个产权主体平等地享有监督权,从而实现相互制衡。

在国有企业的治理结构创新中,"共同治理"原则主要体现在:①建立董事会的共同治理机制,建立职工董事制度和银行董事制度;②建立监事会中的共同治理机制,让职工和银行代表以适当方式进入监事会。

2012年同等学力人员申请硕士学位
学科综合水平全国统一考试经济学试卷

一、单项选择题(每小题2分,共16分)

1. 经济政策的具体目标包括( )。

A. 经济增长、产业结构高级化、经济福利

B. 充分就业、物价稳定、产业结构高级化、收入分配公正

C. 经济增长、物价稳定、充分就业、产业结构高级化、国际收支平衡

D. 经济增长、物价稳定、产业结构高级化、充分就业

2. 可选择性货币政策工具指的是( )。

A. 再贴现   B. 不动产信用控制

C. 公开市场业务   D. 存款准备金政策

3. 以下哪一个市场不属于货币市场?( )

A. 同业拆借市场   B. 大额定期存单市场

C. 股票市场   D. 商业票据市场

4. 根据H-O模型,国际贸易的结果使各贸易参与国之间的要素报酬( ),出现要素价格( )趋势。

A. 差异缩小/均等化   B. 不变/不变

C. 差异缩小/不变   D. 不变/均等化

5. 根据欧盟《马斯特里赫特条约》,进入欧元区国家的财政状况的标准是( )。

A. 财政赤字占当年GDP的比重不超过3%,政府债务占GDP的比重不超过60%

B. 财政赤字占当年GDP的比重不超过3%,政府债务占GDP的比重不超过50%

C. 财政赤字占当年GDP的比重不超过3%,政府债务占GDP的比重不超过10%

D. 财政赤字占当年GDP的比重不超过5%,政府债务占GDP的比重不超过60%

6. 洛伦茨曲线如右图所示,横轴代表人口百分比,纵轴代表收入百分比,以下命题正确的是( )。

A. 折线OHL代表收入完全平等

B. 直线OL代表收入完全不平等

C. 基尼系数 $G = \dfrac{S_B}{S_A + S_B}$

D. 当收入分配由曲线ODL描绘时,基尼系数 $0 < G < 1$

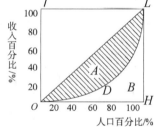

7. 我国依据国家职能的划分,一般把财政支出划分为( )。

①经济建设费   ②社会文教费   ③地质勘探费

④国防费   ⑤行政管理费

A. ①②③④   B. ①②③⑤

C. ①②④⑤   D. ②③④⑤

8. 按照最适课税理论,最适所得税税率曲线应该呈现倒U形,这意味着( )。

A. 中等收入者的边际税率可适当高些,低收入者的边际税率可适当低些

B. 中等收入者的边际税率可适当高些,低收入者与高收入者的边际税率可适当低些

C. 中等收入者的边际税率可适当低些,高收入者的边际税率可适当高些

D. 高收入者的边际税率可适当高些,低收入者与中等收入者的边际税率可适当低些

二、名词解释(每小题 3 分,共 12 分)

1. 贸易乘数

2. 垄断竞争市场

3. 自然率假说

4. 综合制所得税

三、简答题(每小题 8 分,共 32 分)

1. 什么是名义利率? 什么是实际利率? 请写出这两个概念的关系式。

2. 什么是"特里芬难题"?

3. 简述产品的同质性、异质性,并说明同、异质产品产业内贸易的种类。

4. 简述养老保险制度的三种筹资模式。

四、论述与计算题(每小题 20 分,共 40 分)

1. 已知某封闭经济中:消费需求函数为 $C=1\,000+0.5Y$,投资需求函数为 $I=2\,500-240r$,实际货币需求函数为 $\dfrac{M}{P}=0.5Y-260r$,货币供给为 $M=1\,000$,充分就业产出为 $\bar{Y}=4\,600$。

试求:

(1) IS 曲线、LM 曲线和总需求函数。

(2) 经济实现充分就业产出时的价格 P 和利率 r。

(3) 如果政府将货币供给 M 增加到 1 200,总产出 Y 和利率 r 的短期均衡值是多少? 长期均衡值是多少?

(4) 根据以上结论,简述长期总需求与总供给的均衡及其政策含义。

2. 试辨析经济增长与经济发展的不同含义,为什么人均 GDP 或人均 GNP 不能完全反映一国的经济发展水平? 请阐述可持续发展的基本原则。

答案与解析

一、单项选择题

1.【正确答案】C

【所属学科】社会主义经济学第十章。

【难易程度】简单

【考点解析】具体目标是由基本目标引出的,并作为实现基本目标条件的派生目标。我国经济发展中,经济政策的具体目标包括:①经济增长;②物价稳定;③充分就业;④产业结构的高级化;⑤国际收支平衡。

2.【正确答案】B

【所属学科】货币银行学第七章。

【难易程度】简单

【考点解析】政府的三大货币政策为再贴现政策、公开市场业务、存款准备金政策,属于一般性货币政策。不动产信用控制属于政府的可选择性货币政策,通常情况下并不是政府的主要货币政策。

3.【正确答案】C

【所属学科】货币银行学第五章。

【难易程度】简单

【考点解析】货币市场是指一年和一年以内短期资金融通的市场,包括同业拆借市场、银行间债券市场、大额可转让存单市场、商业票据市场和国库券市场等子市场。这一市场的金融工具期限很短,近似货币,所以称之为货币市场。货币市场是金融机构调节流动性的重要场所,是中央银行货币政策操作的基础。

4.【正确答案】A

【所属学科】国际经济学第三章。

【难易程度】中等

【考点解析】H－O模型认为,国际贸易产生的原因在于各国的资源禀赋不同。该模型还认为,随着国际贸易的不断开展,贸易参与国之间的要素报酬(利息、地租、工资)差异逐渐缩小,要素价格呈现均等化趋势。

5.【正确答案】A

【所属学科】货币银行学第九章。

【难易程度】简单

【考点解析】欧盟《马斯特里赫特条约》规定,只有当某国符合财政赤字占当年GDP的比重不超过3％,政府债务占GDP的比重不超过60％的标准时,才具备成为欧元区国家的基本条件。

6.【正确答案】D

【所属学科】西方经济学第七章。

【难易程度】中等

【考点解析】洛伦茨曲线是用来表示收入平等状况的曲线。如右图所示,直线OL代表完全的收入平等,OHL代表完全的收入不平等,基尼系数的$G = \dfrac{S_A}{S_A + S_B}$,且$0 < G < 1$。因此答案为D。

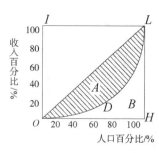

7.【正确答案】C

【所属学科】财政学第二章。

【难易程度】中等

【考点解析】按费用类别分类,又称按国家职能分类。我国根据国家职能的划分,将财政支出分为经济建设费、社会文教费、国防费、行政管理费和其他支出五大类。

8.【正确答案】B

【所属学科】财政学第四章。

【难易程度】中等

【考点解析】最适课税理论认为,从社会公平与效率的总体角度来看,中等收入者的边际税率可适当高些,而低收入者和高收入者应适用相对较低的税率。

二、名词解释

1.【所属学科】国际经济学第八章。

【答题思路】贸易乘数是指乘数理论在对外贸易研究中的运用,探讨对外贸易与国民收入和就业之间的关系。在贸易乘数公式中,它是边际储蓄倾向与边际进口倾向的和的倒数。贸易乘数原理主要分析在边际储蓄倾向和边际进口倾向之和小于1的条件下,增加出口有利于提高有效需求、增加国民收入和就业量。

2.【所属学科】西方经济学第四章。

【答题思路】垄断竞争市场是指竞争程度介于完全竞争市场和寡头市场之间的一种市场结构。这种市场结构主要具有以下特点:第一,行业中有大量的卖者和买者;第二,厂商提供有差异但彼此接近的替代品;第三,厂商进入或退出是自由的。一个典型的例子是家电市场。在家电市场上,存在着大量的买家和卖家,各厂商提供的家电也是高度接近的,厂商进入与退出较为自由。在这样的市场结构下,厂商的市场竞争重点主要集中在提供的产品服务上。

3.【所属学科】西方经济学第十五章。

【答题思路】自然率是指在没有货币因素干扰的情况下,劳动市场在竞争条件下达到均衡时所决定的就业率。由于这一就业率与经济中的市场结构、社会制度、生活习惯等因素有关,因而被冠以"自然率"的名称。许多新自由主义经济学派都假定经济中存在着一个自然就业率,并运用各自的理论论证经济经常地处于这种状态。因而,自然率也被认为是一种假设。

4.【所属学科】财政学第四章。

【答题思路】综合所得税制是对纳税人个人的各种不同来源的应税所得(如工薪收入、利息、股息、财产所得等)综合起来,在做法定宽免和扣除后,依法计征的一种所得税制度。这种税制多采用累进税率,并以申报法征收。其优点是能够量能课税,公平税负。但这种税制需要纳税人纳税意识强、服从程度高,征收机关征管手段先进、工作效率高。

三、简答题

1.【所属学科】货币银行学第二章。

【答题思路】名义利率是央行或其他提供资金借贷的机构所公布的、未考虑通货膨胀因素的利率,即利息(报酬)的货币额与本金的货币额的比率,是包括补偿通货膨胀(包括通货紧缩)风险的利率。名义利率包括了物价变动的预期和货币增贬值的影响。

名义利率并不是投资者能够获得的真实收益,投资者的真实收益还与货币的购买力有关。如果发生通货膨胀,投资者所得的货币购买力会贬值,因此投资者所获得的真实收益必须剔除通货膨胀的影响,这就是实际利率。实际利率是指名义利率剔除物价变动因素之后的利率。这是债务人因使用资金而支付的真实成本。

名义利率和实际利率的关系如下:当一般物价水平不变时,名义利率与实际利率是等量的。在名义利率不变的情况下,物价水平的波动会导致实际利率的反向变动。其关系表达式就是费雪效应的公式,即

$$名义利率 = 实际利率 + 通货膨胀率$$

或

$$实际利率 = 名义利率 - 通货膨胀率$$

2.【所属学科】货币银行学第九章。

【答题思路】特里芬认为,在布雷顿森林体系下,美元承担的两个责任,即用美元按官价兑换黄金、维持各国对美元的信心和用美元提供国际清偿力之间是矛盾的。要满足世界经济的增长需要,国际储备必须有相应的增长,而这必须由储备货币供应国(美国)的国际收支赤字才能完成。但是各国手中持有的美元数量越多,则对美元与黄金之间的兑换关系越缺乏信心,就越要将美元兑换成黄金。这个被称为"特里芬难题"的矛盾最终导致布雷顿森林体系的崩溃。"特里芬难题"及布雷顿森林体系的瓦解表明,靠主权国家货币来充当国际清偿能力的货币体系必然会陷入"特里芬难题"而走向崩溃。不论这种货币能否兑换黄金,不论是哪一国货币,也不论是以一国货币为主还是平均的几国货币,这对于我们分析未来国际货币体系的发展无疑有着重要的启示作用。在人民币的国际化过程中,也应当充分考虑"特里芬难题"诸多方面的影响。

3.【所属学科】国际经济学第三章。

【答题思路】传统的国际贸易理论主要针对国与国之间劳动生产率差别较大的和不同产业之间的贸易。产业内贸易理论,主要针对国际贸易大多发生在发达国家之间,且既进口又出口同类产品的现象。产业内贸易理论有其理论的假设前提和相应的理论解释,对产品的同质性、异质性与产业内贸易现象进行解释,并提出了产业内贸易指数的计算方式。该理论的主要内容包括:

(1)该理论的假设前提为,只考虑静态的经济市场环境;市场为不完全竞争市场,而非完全竞争市场;经济具有规模收益的特征;考虑需求的情况。

(2)产品的同、异质性。同一产业内生产的产品投入要素接近,产品用途可以相互替代,但不能完全替代;产品同质性是指产品间可以完全相互替代,但市场区位不同;产品的异质性是指产品间不能完全替代(尚可替代),要素投入具有相似性。

(3)同质产品的产业内贸易。同质产品或相同产品是指产品间可以完全相互替代,也就是说产品有很高的需求交叉弹性,消费者对这类产品的消费偏好完全一样。这类产品的贸易形式,通常都属于产业间贸易,但由于市场区位、市场时间等的不同,也会发生产业内贸易。发生产业内贸易的原因有许多:①国家间大宗产品,如水泥、木材和石油的贸易;②合作或技术因素的贸易,如银行、保险业"走出去、引进来";③转口贸易;④政府干预产生的价格扭转,使进出口同种产品有利可图;⑤季节性产品贸易,有些产品的生产和市场需求具有一定的季节性,因此国家为了满足国内需求矛盾也会形成产业内贸易。例如,欧洲一些国家之间为了相互解决用电高峰期而进行的电力"削峰填谷"的进出口。另外,一些果蔬的季节性进出口也属于此类。

（4）异质产品的产业内贸易。差异产品又可以分成三种：水平差异产品、技术差异产品和垂直差异产品。不同类型的差异产品引起的产业内贸易也不相同，分别为水平差异产业内贸易、技术差异产业内贸易和垂直差异产业内贸易。①水平差异产业内贸易。水平差异是指由同类产品相同属性的不同组合而产生的差异。烟草、服装及化妆品等行业普遍存在这类差异。②技术差异产业内贸易。技术差异是指由于技术水平提高所带来的差异，也就是新产品的出现带来的差异。从技术的产品角度看，是产品的生命周期导致了产业内贸易的产生。技术先进的国家不断地开发新产品，技术落后的国家则主要生产那些技术已经成熟的产品，因此，在处于不同生命周期阶段的同类产品间产生了产业内贸易。③垂直差异产业内贸易。垂直差异就是产品在质量上的差异。汽车行业中普遍地存在着这种差异。为了占领市场，人们需要不断提高产品质量，但是，一个国家的消费者不会全部追求昂贵的高质量产品，而是因个人收入的差异需要不同档次的产品。为了满足不同层次的消费需求，高收入水平的国家就有可能进口中低档产品来满足国内低收入阶层的需求；同样，中低收入水平的国家也可能进口高档产品满足国内高收入阶层的需求，从而推动了产业内贸易的发生。

（5）需求偏好相似论。需求偏好相似是产业内贸易发生的动因。国际贸易是国内贸易的延伸，因厂商首先满足的是国内市场；人均收入决定一个国家的需求结构，收入相似则市场之间的隔阂较小，易于发生贸易。

（6）规模经济是贸易利益的源泉。具有相似禀赋的不同国家，其中若有一国因规模经济而使成本降低（源于固定资本分摊、专业化分工），它便会因此产生新的优势，而在贸易中受益。

（7）评价。产业内贸易理论是对传统贸易理论的批判，尤其是其假定更符合实际，理论从需求角度进行了考察。规模经济是当代经济重要的内容，是对比较利益理论的补充，理论基础是静态分析。

4.【所属学科】财政学第三章。

【答题思路】养老保险制度是社会保险制度中最重要的组成部分。养老保险制度从筹资方式来说可以分为三种模式：

（1）完全基金制，即完全用过去积累的缴款所挣取的利息收入提供保险金的制度。具体说来，就是一个人在就业期间或寿命内政府管理的基金缴款，该基金随着时间的推移不断生息增值，当这个人退休后，其所获养老金来自该基金的利息收入。

（2）现收现付制，指用当期的缴款提供保险金的制度，即支付给当期接受者的保险金来自现在工作的人缴纳的税收。

（3）部分基金制，指既具有完全基金制的部分特征又具有现收现付制部分性质的混合制度。社会保障税的一部分用于支付当期接受者的保险金，剩余部分投资于政府管理的相关基金以支付将来的保险金。

四、论述与计算题

1.【所属学科】西方经济学第十章。

【答题思路】（1）本小问是宏观经济学考查计算题时的基本形式之一，以求 IS、LM 曲线为基本题型。注意，本题中尚未给出价格 P 的数值，所以不能简单地认为 $P=1$。在 IS 与 LM 曲线的基础上，能够解出 Y 与 P 的关系，即为总需求函数。

根据 IS 的意义，IS 曲线的表达式为

$$Y=C+I$$

把消费和投资函数代入可得

$$Y=1\ 000+0.5Y+2\ 500-240r$$

变形可得 $Y=7\ 000-480r$,此即 IS 曲线方程。

根据 LM 的意义, $L=M$ 。

把货币需求和货币供给代入方程可得

$$0.5\ Y-260r=\frac{1\ 000}{P}$$

变形可得 $Y=2\ 000/P+520r$,此即 LM 曲线方程。

联立 IS 曲线方程和 LM 曲线方程,可得总需求函数为

$$Y=3\ 640+\frac{960}{P}$$

(2)经济实现充分就业时,即 $Y=4\ 600$ 。将这个数值代入,求出所有待求的值。

当经济实现充分就业时,把 $\overline{Y}=4\ 600$ 代入总需求函数可得 $P=1$ 。

再把 $\overline{Y}=4\ 600$ 代入 IS 曲线方程可得 $r=5$ 。

(3)本小题有一定难度。注意:短期内,价格水平 P 不变,在这个条件下,经济政策的调整会使得 Y 改变。长期内,国民收入 Y 将稳定于均衡国民收入上,此时会使得价格水平 P 发生变化。

如果政府把 M 增加到 $1\ 200$,根据第(1)题的方法可得短期均衡($P=1$)时的关系式为

$$Y=7\ 000-480r \qquad\qquad (IS\ 曲线)$$

$$1\ 200=0.5Y-260r \qquad\qquad (LM\ 曲线)$$

联立 IS 曲线和 LM 曲线,求解可得短期均衡的产出和利率分别为

$$Y=4\ 792, r\ =\ 4.6$$

在长期中,由于经济处于潜在产出水平,所以国民收入应该为

$$Y=\overline{Y},此时\ r=5$$

但是,根据 IS 曲线、 LM 曲线和 $M=1\ 200$,可得

$$Y=7\ 000-480r$$

$$\frac{M}{P}=0.5Y-260r$$

$$M=1\ 200$$

此时总需求曲线为

$$\frac{1\ 200}{P}=0.5Y-260\times\left(\frac{7\ 000-Y}{480}\right)$$

在长期中,把 $Y=\overline{Y}=4\ 600$ 代入总需求曲线,可得 $P\ =1.2$ 。

(4)根据以上结论,短期货币政策会影响产出,但就长期而言,采取扩张性的货币政策只会使得物价水平从 $P=1$ 上升到 $P=1.2$,而潜在产出是不会发生变化的,进而可以得出这样的结论:就长期而言,有效需求管理政策无效。这也是新古典宏观经济学或者货币主义的研究结论,因此,长期调控还需要考虑供给侧的手段和方法,以使总供求平衡,实现长期稳定增长。

2.【所属学科】社会主义经济学第七章。

【答题思路】(1)经济增长通常是指在一个较长的时间跨度上,一个国家人均产出(或人均收入)水平的持续增加。经济增长率的高低体现了一个国家或地区在一定时期内经济总量的增长速度,也是衡量一个国家或地区总体经济实力增长速度的标志。经济发展的含义除了包括更多的产出,同时也包括产品生产和分配所依赖的技术和体制安排上的变革,如经济结构的变化、一个社会的平等化状况、就业状况、教育水平等。

(2)人均GDP或人均GNP由于其自身的缺陷,不能够完全反映一国的经济发展水平,其主要原因有:

第一,人均GDP或GNP不能充分反映国民生产总值的分配情况。一个国家人均GDP或人均GNP高并不代表收入分配合理,如果只有少数人分配收益高而大多数人收入低,则国民的生活也不好。

第二,尽管一国的总产出增长很快,但如果人口增长率相当于或大于产出增长率,那么人口增长率就会成为阻碍发展的重要变量。

第三,由于官方高估汇率或统计资料不全,故人均GDP或GNP缺乏国际可比性。

第四,人均GDP或GNP不能充分反映生产产品和劳务带来的福利和副作用。

第五,人均GDP或GNP不能充分反映一国人民的生活质量。比如,受教育程度、预期寿命和营养水平等不能由人均GDP或人均GNP来反映。

从这些原因可以看出,一个国家在追求经济增长的同时,更要注重经济发展的质量。因而必须运用可持续发展的思路来指导经济的发展。

(3)可持续发展是指既满足现代人的需求,又不对后代满足其需求的能力构成危害的发展。它是人类发展观的重大进步,强调经济、社会、资源和环境保护的协调发展。总体来说,可持续发展理论内涵主要具有三个基本原则:

第一,持续性原则。人类经济和社会的发展不能超越资源和环境的承载能力。在"发展"的概念中还包含着制约因素。因此,在满足人类需要的过程中,必然有限制因素的存在。主要限制因素有人口数量、环境、资源,以及技术状况和社会组织对环境满足眼前和将来需要能力施加的限制。最主要的限制因素是人类赖以生存的物质基础——自然资源与环境。因此,持续性原则的核心是人类的经济和社会发展不能超越资源与环境的承载能力,从而真正将人类的当前利益与长远利益有机结合。

第二,公平性原则。公平性原则包括本代人之间的公平、代际间的公平和资源分配与利用的公平,可持续发展是一种机会、利益均等的发展。它既包括同代内区际的均衡发展,即一个地区的发展不应以损害其他地区的发展为代价;也包括代际的均衡发展,即既满足当代人的需要,又不损害后代的发展能力。该原则认为人类各代都处在同一生存空间,他们对这一空间中的自然资源和社会财富拥有同等享用权,他们应该拥有同等的生存权。因此,可持续发展把消除贫困作为重要问题提了出来,要优先解决贫困问题,要给各国、各地区的人及世世代代的人以平等的发展权。

第三,共同性原则。可持续发展体现了在国际发展事务中发展中国家与发达国家具有共同的责任和义务,世界各国应力求平等合作、共同协调发展的思想。可持续发展原则的确立,不仅标志着发达国家与发展中国家在合理利用地球资源、保护生态平衡方面终于基本达成共识,更重要的是标志着发展中国家在维护国家主权、争取平等共同发展方面,已经取得了具有历史意义的胜利。

2013年同等学力人员申请硕士学位
学科综合水平全国统一考试经济学试卷

一、单项选择题(每小题2分,共16分)

1.(   )不属于布雷顿森林体系的内容。

    A. 建立以美元为中心的汇率平价体系

    B. 严格的固定汇率制

    C. 美元充当国际货币

    D. 多种渠道调节国际收支的不平衡

2.依据厂商能否对所有的生产要素加以调整,成本可以被区分为(   )。

    A. 会计成本和机会成本　　　　　　　B. 显性成本和隐性成本

    C. 私人成本和社会成本　　　　　　　D. 短期成本和长期成本

3.(   )不属于当代国际贸易理论。

    A. 战略政策贸易理论　　　　　　　　B. 产业内贸易理论

    C. 比较优势理论　　　　　　　　　　D. 贸易扭曲理论

4.根据国际费雪效应,一国通货膨胀率上升,该国名义利率和货币对外价值的变化为(   )。

    A.名义利率提高、货币对外价值降低　　B. 名义利率降低、货币对外价值提高

    C.名义利率降低、货币对外价值不变　　D. 名义利率不变、货币对外价值降低

5.我国财政赤字规模的大小主要受(   )因素制约。

    ①经济增长率的提高程度　　　　　　②货币化部门的增加程度

    ③赤字支出的投资项目性质　　　　　④国民经济各部门能力的未利用程度

    ⑤国际贸易的逆差程度　　　　　　　⑥国际贸易的顺差程度

    A.①②③④⑤　　　　　　　　　　　B.①②④⑤⑥

    C.①②③④⑥　　　　　　　　　　　D.②③④⑤⑥

6.(   )不是中央银行的职能。

    A. 发行的银行　　　　　　　　　　　B. 银行的银行

    C. 政府的银行　　　　　　　　　　　D. 企业的银行

7.优化财政支出结构的基本思路是(   )。

    ①按照社会公共需求的先后次序,合理界定财政支出范围

    ②按照经济政策目标,在增量支出中逐渐调整好两类支出的比例关系

    ③比照发达国家的预算编制,调整我国的财政支出结构

    ④在调整我国的财政支出结构时,应该重点解决消费性支出增长过快问题

    A.①③④　　　　　B.②③④　　　　　C.①②③　　　　　D.①②④

8.二元经济结构是指(   )。

    A.重工业与轻工业并存的经济结构

    B.现代工业部门与传统农业部门并存的经济结构

    C.投资部门与消费部门并存的经济结构

    D.计划与市场并存的经济结构

二、名词解释(每小题 3 分,共 12 分)

1. 吉芬商品

2. 哈罗德-多马模型

3. 国债限度

4. 国际收支失衡

三、简答题(每小题 8 分,共 32 分)

1. 简述泰勒规则的基本内容。

2. 简述成本推进型通货膨胀的成因及治理对策。

3. 结合图形说明贸易条件与出口的贫困增长。

4. 如何理解财政平衡?

四、论述与计算题(每小题 20 分,共 40 分)

1. 为什么经济增长方式的转变依赖经济体制的转换?

2. 已知某垄断厂商面临的需求曲线为 $Q=20-P$,成本函数为 $C=Q^2+4Q$,试问:

(1)厂商实现利润最大化的价格和产量为多少?

(2)当政府对该厂商一共征收 4 单位产品税时,厂商的价格和产量是多少?当政府对该厂商每单位产品征收 4 单位产品税时,厂商的价格和产量又为多少?

(3)政府改用价格管制以实现消费者剩余和生产者剩余总和最大化,则该厂商的价格和产量为多少?

(4)结合以上结论,说明政府制定反垄断政策的意义。

答案与解析

一、单项选择题

1.【正确答案】 B

【所属学科】 货币银行学第九章。

【难易程度】 中等

【考点解析】 布雷顿森林体系是以美元和黄金为基础的金汇兑本位制,其实质是建立一种以美元为中心的国际货币体系,基本内容包括:①美元与黄金挂钩;②国际货币基金会员国的货币与美元保持固定汇率(实行固定汇率制度);③建立 IMF(国际货币基金组织);④多种渠道调节国际收支不平衡。建立起的固定汇率制是与美元挂钩的固定汇率制,随着美元的波动而波动,因此并不是严格的固定汇率制。

2.【正确答案】 D

【所属学科】 西方经济学第三章。

【难易程度】 中等

【考点解析】 依据厂商能否对所有的生产要素加以调整,可以将成本区分为短期成本与长期成本。短期内,厂商可对部分生产要素进行调整;长期内,厂商可对所有的生产要素进行调整。例如,在厂商选择的 K 与 L 两种要素中,一般而言,资本 K 在短期内视为固定的,劳动力数量 L 视为可变的,厂商通过调整 L 来达到生产最优化。长期内,K 与 L 均可变。当成本线与等产量线相切时,为厂商生产的最优状态。

3.【正确答案】 C

【所属学科】 国际经济学第一章。

【难易程度】 简单

【考点解析】 本题中的四个选项均为国际贸易理论的重要组成部分。但是,比较优势理论是建立在经济全球化以前的经济运行实践基础上的理论,不属于当代国际贸易理论。

4.【正确答案】 A

【所属学科】 国际经济学第六章。

【难易程度】 较难

【考点解析】 美国经济学家费雪认为:每个国家的名义利率等于投资者所要求的实际利率与预期的通货膨胀率之和。两国的利率之差等于两国的通货膨胀率之差,称为费雪方程式。费雪方程式可用于预测浮动汇率制下的即期汇率,即国际费雪效应。用公式表达:$i = r + l$。式中 i 为名义利率,r 为实际利率,l 为通货膨胀率。

如果同时考虑两国情况,并将两个公式相减,可以得到:$i_d - i_f = (r_d + l_d) - (r_f + l_f)$。式中,$i_d$ 表示本国名义利率,i_f 表示外国名义利率,r_d 表示本国实际利率,r_f 表示外国实际利率,l_d 表示本国通货膨胀率,l_f 表示外国通货膨胀率。

根据购买力等值理论,两国的实际利率应相等,且即期汇率的变动幅度应与两国通货膨胀率之差等值并反向,即 $i_d - i_f = l_d - l_f = (S_1 - S_2)/S_1$。式中,$S_1$ 是即期汇率,S_2 是远期汇率,这就是国际费雪效应公式。

据此,在本题中,当一国通货膨胀率上升时,首先能推出名义利率 i_d 上升。因此,$S_1 - S_2$ 为正,此时 $S_2 < S_1$,表明货币的对外价值将降低。

5.【正确答案】A

【所属学科】财政学第八章。

【难易程度】中等

【考点解析】我国财政赤字的规模,主要受经济增长率的提高程度、货币化部门的增加程度、国民经济各部门能力的未利用程度、赤字支出的投资项目性质、国际贸易的逆差程度、政府的自身管理能力、公众的牺牲精神等方面影响。

6.【正确答案】D

【所属学科】货币银行学第四章。

【难易程度】简单

【考点解析】中央银行的功能有:发行的银行、政府(国家)的银行、银行的银行。

7.【正确答案】D

【所属学科】财政学第二章。

【难易程度】中等

【考点解析】优化财政支出结构的基本思路:一方面,按照社会公共需要的先后次序,合理界定财政支出范围;另一方面,根据当前的经济政策目标,在增量支出中逐步调整和理顺生产性支出与消费性支出的比重关系。

在调整财政支出结构的过程中,要在适当提高财政投资支出比重的同时,将重点放在控制消费性支出的快速增长上。主要措施是在明确政府职能的前提下,精简机构,控制行政事业单位人员,削减消费性支出。

8.【正确答案】B

【所属学科】社会主义经济学第八章。

【难易程度】中等

【考点解析】二元经济结构是指以城市工业为主的现代部门与以农村农业为主的传统部门并存,传统部门比重过大、现代部门发展不足,以及城乡差距十分明显的经济结构。它是发展中国家经济体系的共有特征。

二、名词解释

1.【所属学科】西方经济学第二章。

【答题思路】吉芬商品是指商品价格和商品的需求数量同方向变化的商品。吉芬商品的替代效应与价格呈反方向变化,而收入效应与价格呈同方向变化,且收入效应大于替代效应,所以总效应与价格呈同方向变化。因此,吉芬商品的价格需求曲线呈现向右上角延伸的特征。

2.【所属学科】西方经济学第十三章。

【答题思路】20 世纪 40 年代,哈罗德和多马相继提出了分析经济增长问题的模型,由于基本分析思路相同,因而被合称为哈罗德-多马模型。基本形式为:$G=s/v$。式中,v 为资本产出比,s 为储蓄率。模型表示,经济增长率与储蓄率成正比,与资本-产出成反比。哈罗德-多马模型得出的结论是,当实际经济增长率等于资本家意愿的经济增长率并且等于人口增长率时,经济才能处于稳定增长状态,但同时认为,这一增长路径很难达到,因而是一"刃锋"。

3.【所属学科】财政学第六章。

【答题思路】国债限度是指国家债务规模的最高额度或国债的适度规模。所谓债务规模包括三层意思：①历年累积债务的总规模；②当年发行的国债总额；③当年到期需还本付息的债务总额。衡量国债限度的指标主要有两个：一是国债负担率，即国债余额占 GDP 的比率；二是国债依存度，即当年国债发行额占当年财政支出的比率。债务规模通常受认购人负担能力和政府偿债能力两个条件的制约。控制债务总规模是防止债务危机的重要环节，而控制当年发行额和到期需偿还额更具有实际意义。

4.【所属学科】国际经济学第五章。

【答题思路】国际收支失衡是指经常账户、资本和金融账户的余额出现问题，即对外经济出现了需要调整的情况。对外，国际收支失衡造成汇率、资源配置和福利提高的困难；对内，国际收支失衡造成经济增长与经济发展的困难。国际收支失衡可以分为顺差和逆差，其调节方法主要有弹性法、吸收法和货币法。

三、简答题

1.【所属学科】货币银行学第七章。

【答题思路】泰勒规则是根据产出和通货膨胀的相对变化而调整利率的操作方法，又称利率规则。它是常用的简单货币政策规则之一，是由斯坦福大学的约翰·泰勒于 1993 年根据美国货币政策的实际经验而确定的一种短期利率调整的规则。泰勒主张，保持实际短期利率稳定和中性政策立场，当产出缺口为正（负）和通货膨胀缺口超过（低于）目标值时，应提高（降低）实际利率。

其形式为

$$i = \pi + gy + h(\pi - \pi^*) + i^f$$

式中，i 为短期利率，π 为通货膨胀，y 为实际收入对趋势偏离的百分比，π^* 和 i^f 为常数。

2.【所属学科】西方经济学第十四章。

【答题思路】成本推动通货膨胀又称成本通货膨胀或供给通货膨胀，是指在没有超额需求的情况下，由于供给方面成本的提高所引起的一般价格水平持续和显著的上涨。

（1）成本推动因素主要包括工资和利润推动。工资推动是指在总需求不变的条件下，如果工资的提高引起产品单位成本增加，便会导致物价上涨。在物价上涨后，如果工人又要求提高工资，而再度使成本增加，便会导致物价再次上涨。这种循环被称为工资-物价"螺旋"，寡头企业和垄断企业为保持利润水平不变，依靠其垄断市场的力量，运用价格上涨的手段来抵消成本的增加；或者为追求更大利润，以成本增加作为借口提高商品价格。利润推动是指无论是工资还是利润，如果超过价格总水平的上涨速度，则会对商品和劳务价格的进一步上涨形成压力。来自工会对工资和垄断厂商对利润的过分追求以及货币工资价格的刚性，都被认为可以促成成本推动的通货膨胀。

（2）成本推动的治理对策主要包括：第一，产业政策，即增加商品的有效供给；第二，控制货币的供给量；第三，收入政策，主要包括收入指数化和以税收为基础的收入政策；第四，调节和控制社会总需求，使得总需求等于总供给。

3.【所属学科】国际经济学第二章。

【答题思路】出口的贫困增长指当一国生产能力增加时，出口规模极大增长，但是出口的结果是该国贸易条件严重恶化,该国国民福利水平绝对下降。

其图形分析过程如图1所示:

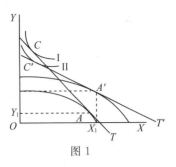

图1

（1）生产力提高,生产可能性曲线外移,生产点从 A 移至 A'。

（2）社会无差异曲线与价格线的切点,从 C 移动至 C' 点,由于世界价格线 T' 在生产扩大后发生变化,较原价格线 T 更为平缓,结果是出口增加但出口相对价格下降,同量出口可换回的进口下降,总体福利水平降低。这种情况的发生条件有:出口国是发展中国家且为单一经济;产品为初级产品或劳动密集型,且出口占据世界销售总额的很大比重,该国的任何出口增长都会导致世界市场的波动;该种产品弹性小,不会因为价格变化而促进销量的增加;国民经济的发展高度依赖该种产品的出口,以致国际价格的下降需要靠更大的出口量去弥补损失。

4.【所属学科】财政学第八章。

【答题思路】财政平衡是指国家预算收支在量上的对比关系。这种收支对比关系不外乎三种结果:一是收大于支,有结余;二是支大于收,有逆差,即赤字;三是收支相等。对财政平衡不能做绝对的理解。

（1）在实际生活中,略有结余应属基本平衡,略有赤字也应视为基本平衡,二者都是财政平衡的表现形式,因而财政平衡追求的目标是基本平衡或大体平衡。

（2）研究财政平衡要有动态平衡的观点,不能局限于静态平衡。

（3）研究财政平衡还要有全局观点,不能就财政平衡论财政平衡,而要与国民经济总量平衡相联系。

（4）国家财政收支平衡要分别考察中央预算平衡和地方预算平衡。在判定一个国家或一级政府的财政是否平衡时,通常不把债务收入统计在收入范围之内。按照这种统计口径,财政实现平衡是相对的,财政不平衡是绝对的。因为一个国家在一个财政年度内让财政收入和支出一分不差几乎是不可能的,通常总会有一定数量的盈余或赤字。但是,如果把债务收入视作正常收入,把盈余也视作支出,那么财政收支平衡就是绝对的,不平衡就是相对的。这种财政收支平衡关系绝对性和相对性之间的转化,表明财政收支平衡与不平衡的区分是相对的。因此,考察财政平衡问题必须选择收支的统计口径。

四、论述与计算题

1.【所属学科】社会主义经济学第三章、第七章。

【答题思路】经济增长方式转变是指经济增长从依靠生产要素数量扩张转向通过提高投入生产要素使用效率来实现,即从粗放型向集约型增长方式转变。

经济增长方式转变的标志主要是由技术进步对经济增长的贡献率来评价和度量的,而技术进步又主要依赖于体制的创新。体制因素之所以可推动或阻碍经济增长、制约经济增长方式的转变,是因为体制的变化具有既改变收入分配,又改变经济中资源使用效率的潜在可能性。体制的这种功能又与体制可影响人类的选择行为有关。体制创新可通过塑造出新的激励或动力机制,从而激发行为人参与交易活动和进行技术创新的动机,继而推动经济增长。因此,经济增长方式的转变或经济增长依赖于体制的转变或创新。

当体制作为决定经济增长最为重要的变量时,经济增长主要表现为制度变迁的结果。

具体而言,制度是通过产权、国家、意识形态来影响经济增长和经济增长方式转变的,其具体内容如下:

(1)产权。产权是一种通过社会强制而实现的对某种经济物品的多种用途进行选择的权利。产权明确有助于减少未来的不确定性因素及避免产生机会主义行为的可能性;产权不清晰则容易增加交易成本,降低经济效率,进而限制经济增长。

(2)国家。经济效率的提升和经济增长有赖于明确地界定产权,但产权的界定需要花费成本。由于国家拥有"暴力潜能",因此,由国家来界定和保护产权可降低成本。因为国家决定产权结构,所以国家最终要对造成经济的增长、衰退或停滞的产权结构的效率负责。而国家的统治者在努力降低交易费用、促进经济增长的同时,往往还会追求租金最大化,二者间的冲突长期影响着一个国家的经济增长。

(3)意识形态。意识形态由相互关联、包罗万象的世界观组成。但凡成功的意识形态都必须解决"不付费搭车"的问题,其基本目标在于给各种集团以活力,使它们能对简单的、享乐主义与个人主义的成本和收益采取相反的行为,从而节约交易费用。

当宪法、国家暴力潜能和意识形态能够确立并保护有效产权的时候,收入分配功能和资源使用效率就能得到实现,进一步促进技术进步,从而推动经济增长和经济增长方式的转变。

2.【所属学科】西方经济学第四章。

【答题思路】(1)要牢牢记住,厂商实现利润最大化的条件永远都是 $MR=MC$(边际收益等于边际成本)。对于完全竞争厂商而言,其边际收益 $MR=P$。对于垄断厂商而言,要通过对 $TR=P(Q)\cdot Q$ 这个式子求导得出 MR,再令 $MR=MC$ 求出利润最大化时的产量 Q。

企业利润最大化的原则是

$$MR=MC$$

根据 $C=Q^2+4Q$,可得

$$MC=\frac{dC}{dQ}=2Q+4$$

根据 $Q=20-P$,可得

$$TR=PQ=-Q^2+20Q$$

进而求得

$$MR=-2Q+20$$

将 $MC=2Q+4$ 与 $MR=-2Q+20$ 联立,解得 $Q=4,P=16$。

(2)对于征税问题,要认识到这一点,即征税对厂商的影响,体现在征税改变了厂商的生产成本。

当政府对该厂商一共征收 4 单位产品税时,相当于企业的总成本上升 4,但是企业的边际成本不会发生变化,因此 MC 保持不变。根据 $MR=MC$ 的原则可知,企业此时的产量和价格不会发生变化,即 $Q=4,P=20-Q=16$。

但是当政府对该厂商对每单位产品征收 4 单位产品税时,相当于企业的边际成本增加了 4,所以 MC 发生了变化,即

$$MC=\frac{dC}{dQ}=2Q+8$$

根据 $MR=MC$ 可得

$$2Q+8=-2Q+20$$

解得 $Q=3$,将 $Q=3$ 代入需求曲线方程,得 $P=20-3=17$。

（3）首先，要明白生产者剩余和消费者剩余的经济意义及图形曲线表示方法。生产者剩余指的是生产者在市场均衡中获得的福利，消费者剩余指的是消费者在市场均衡中获得的福利。其总和用图形表示即为需求曲线、供给曲线分别与支付价格、生产价格线及纵轴价格水平所围起来的图形面积之和。当其总和面积最大时，$P=MC$。

根据垄断定价理论可以知道，实现消费者剩余和生产者剩余总和最大化时的条件为 $P=MC$，即

$$20-Q=2Q+4$$

解得 $Q=\dfrac{16}{3}$，将 $Q=\dfrac{16}{3}$ 代入需求曲线方程，得 $P=20-Q=\dfrac{44}{3}$。

（4）根据上述计算结果可以知道：

当政府不对垄断企业进行管制时，$Q=4$，$P=20-Q=16$；对单位商品征税时，$Q=3$，$P=20-Q=17$；使得消费者剩余和生产者剩余总和最大化时，$Q=\dfrac{16}{3}$，$P=20-Q=\dfrac{44}{3}$。所以可以看出，如果不反垄断，结果为 $Q=4$，$P=20-Q=16$；如果反垄断，则 $Q=\dfrac{16}{3}$，$P=20-Q=\dfrac{44}{3}$。因此，不反垄断就会导致市场上商品价高量少，市场就会出现效率缺乏。但是如果用征税方法去反垄断，市场上商品价格更高、数量更少，所以对垄断厂商征税不是一个反垄断的好方法，因而应该采取价格限制反垄断，而且限价应该选择使市场供求相等时的价格，那时市场提供的总剩余最大、总福利最好。

2014年同等学力人员申请硕士学位
学科综合水平全国统一考试经济学试卷

一、单项选择题(每小题2分,共16分)

1. 产权明晰化的含义是( )。

①产权的排他性 ②产权的可分割性或可分离性

③产权的不可分割性 ④法人财产权的独立化

⑤产权的可转让性 ⑥产权的有效保护

A. ①②④⑤ B. ①②④⑥

C. ①②⑤⑥ D. ①④⑤⑥

2. 间接融资是指( )。

A. 货币资金供给者与货币资金需求者之间直接发生的信用关系

B. 货币资金供给者与货币资金需求者之间的融资活动通过金融中介机构进行

C. 金融中介机构之间的融资活动

D. 金融中介机构与中央银行之间的融资活动

3. 基础货币是指( )。

A. 流通中现金 B. 流通中现金+活期存款

C. 流通中现金+定期存款 D. 流通中现金+商业银行存款准备金

4. 远期汇率和即期汇率的差用升水、贴水和平价表示。一般情况下,利息率较高的货币远期汇率应( ),利息率较低的货币远期汇率应( )。

A. 升水/贴水 B. 贴水/升水 C. 平价/平价 D. 平价/贴水

5. 如果以课税对象的经济性质为标准,则可以将各种税收分为( )。

A. 从量税和从价税 B. 直接税和间接税

C. 所得税、商品税和财产税 D. 价内税和价外税

6. 以下不属于财政职能基本内容的是( )。

①资源配置职能 ②收入分配职能 ③汇率调整职能

④劳动就业职能 ⑤经济发展职能 ⑥经济稳定职能

A. ②③ B. ③④ C. ④⑤ D. ①⑥

7. 如图1所示三条等产量线 Q_1、Q_2、Q_3。以下表述正确的是( )。

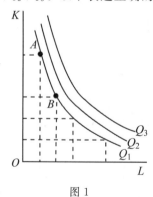

图1

A. Q_1、Q_2、Q_3是在同一技术水平下的不同产出

B. $Q_1 > Q_2 > Q_3$

C. 厂商选择在 A 点生产最优

D. 厂商选择在 B 点生产最优

8. 国际贸易相关法律中所指的倾销应包括(   )。

①产品低于正常价值或公平价值销售

②这种低价销售行为对进口国的相关产业造成了损害

③损害与低价之间存在因果联系

④低价销售是长期持续的

A. ①②③   B. ①②④

C. ②③④   D. ①③④

二、名词解释（每小题 3 分,共 12 分）

1. 一价定律

2. 税收原则

3. 价格歧视

4. 自动稳定器

三、简答题（每小题 8 分,共 32 分）

1. 简述商业银行的资产与负债业务。

2. 试分析本币对外贬值对进出口的影响机制与实现条件。

3. 简述欧元对欧盟及世界经济的意义。

4. 简述税制结构的决定因素。

四、论述与计算题（每小题 20 分,共 40 分）

1. 我国对计划与市场关系的认识经历了哪几个主要阶段？党的十八届三中全会对政府与市场之间的关系做出了什么新的论断？

2. 已知某经济中,IS 曲线为 $Y = 200 - 5r + 5G$,LM 曲线为 $Y = 1.25r + 5M_s$,总供给为 $Y = 210$,试求:

(1)当 $G = 5$,$M_s = 40$ 时,商品市场和货币市场的一般均衡收入是多少？

(2)该一般均衡收入是否达到充分就业水平？

(3)如果不是,如何用财政政策来实现充分就业？如何用货币政策来实现充分就业？

(4)结合以上结论简要说明什么是需求管理政策。

答案与解析

一、单项选择题

1.【正确答案】C

【所属学科】社会主义经济学第四章。

【难易程度】中等

【考点解析】产权明晰化的含义包括产权的排他性、可分割性或可分离性、可转让性及有效保护。

2.【正确答案】B

【所属学科】货币银行学第四章。

【难易程度】中等

【考点解析】间接融资是指货币资金供给者与货币资金需求者之间通过金融中介机构进行的融资活动,如银行信贷、非银行金融机构信贷、委托贷款、融资租赁、项目融资贷款等。直接融资是指货币资金需求者与货币资金供给者直接发生的信用关系,例如企业发行债券、股票等。因此答案为 B。

3.【正确答案】D

【所属学科】货币银行学第一章。

【难易程度】中等

【考点解析】基础货币是中央银行所发行的现金货币和商业银行在中央银行的存款准备金的总和。基础货币直接表现为中央银行的负债,它是由中央银行资产业务创造的,并且是信用货币的源头。

4.【正确答案】B

【所属学科】国际经济学第六章。

【难易程度】中等

【考点解析】在直接标价法下,远期汇率比即期汇率高的差价称为升水,低的差价称为贴水,差价为零时称为平价。一般情况下,利息率较高的货币远期汇率大多呈贴水,利息率较低的货币远期汇率则大多呈升水。这一结果可以通过升水(贴水)公式推导,或者可以这样直观地理解:当利息水平高于国际水平时,资本选择流入该国,导致在初期时,该国的汇率较高。但是长期来看,套利行为逐渐抹平利差,会导致资本流入量减少,从而会使得该国的汇率逐渐下降至某一稳定区间内,即远期汇率比即期汇率低。对于利息较低的情况,也可以用相同的方法去分析。

5.【正确答案】C

【所属学科】财政学第四章。

【难易程度】中等

【考点解析】按照课税对象的性质,可将各种税收分为所得税、商品税和财产税三大类。

6.【正确答案】B

【所属学科】财政学第四章。

【难易程度】简单

【考点解析】在社会主义市场经济条件下,财政职能的基本内容包括资源配置职能、收入分配职能、经济稳定职能与经济发展职能。所以本题答案为 B。

7.【正确答案】A

【所属学科】微观经济学生产论。

【难易程度】中等

【考点解析】等产量线指的是在技术水平不变的条件下,生产同一产量的产品所需生产要素的各种不同组合描述出的轨迹。等产量线的基本特征:①有无数条,每一条代表着一个产量,并且离原点越远,产量就越大;②任意两条等产量线不相交;③向右下方倾斜;④凸向原点。其中,等产量线凸向原点由边际技术替代率递减规律决定。等产量线的第一条基本性质表明,其产量会随着要素配置的不同而不同,但总体而言,各不同产量下的等产量线的位置不同,是牢牢固定在其技术水平不变的基本前提下的。其产量不同的原因在于要素配置上的不同。因此 A 正确。对于 B,正确的大小顺序应当为 $Q_1 < Q_2 < Q_3$。对于 C、D 两项,A、B 两点能达到相同的产量,因此无法确定哪个点最优。

8.【正确答案】A

【所属学科】国际经济学第四章。

【难易程度】中等

【考点解析】倾销是海外的货物(商品)以低于同样货物(商品)同一时期在国内市场类似条件下的销售价格的销售。法律上所指的倾销有三个构成条件:①产品以低于正常价值或公平价值的价格销售;②这种低价销售的行为对进口国的相关产业造成了损害;③损害与低价之间存在因果关系。

二、名词解释

1.【所属学科】国际经济学第六章。

【答题思路】一价定律认为,在没有运输费用和官方贸易壁垒的自由竞争市场上,一件相同商品在不同国家出售,如果以同一种货币计价,其价格应是相同的。也就是说,通过汇率折算之后的标价是一致的,若在各国间存在价格差异,则会发生商品国际贸易,直到价差被消除,贸易停止,这时达到商品市场的均衡状态。该定律适用于商品市场,与之相似的适用于资本市场的定律是利息平价理论。

2.【所属学科】财政学第四章。

【答题思路】税收原则是指建立税收制度应遵循的基本准则,又称税制原则。它集中反映了社会占统治地位阶级的征税意志。税法原则反映税收活动的根本属性,是税收法律制度建立的基础。税法原则包括税法基本原则和税法适用原则。一般认为税收原则应当包括:①税收财政原则,即在保证国家财政需要的同时,要兼顾纳税人的负担能力,处理好国家、企业和个人三者之间的利益关系;②公平税负原则,即以公正、平等为目标,通过税收调节,实现合理负担,鼓励平等竞争;③税收效率原则,即以增进资源有效配置、提高经济效益为目标,体现国家产业政策,充分发挥税收对经济增长的激励作用;④税务行政原则,即要求税法简明易懂,征管简便严密、节时省费;⑤税收主权原则,即保障国家独立自主的征税权力,维护本国的合法权益。

3.【所属学科】西方经济学第四章。

【答题思路】价格歧视也称价格差别,指相同的商品在垄断的情况下,对不同的消费者索取不同的价格的情况。根据垄断厂商采用价格歧视程度不同,价格歧视被划分为三级。第一级价格歧视是指垄断厂商按不同的购买量索要不同的价格,以至于每单位索要的价格恰好等于此时的需求价格。这种类型的价格歧视又被称为完全价格歧视。第二级价格歧视与完全价格歧视近似,它指垄断厂商按不同购买量分组,并对不同的组别索要不同的价格。在这种价格歧视方式中,垄断厂商依照购买量由大到小的分组索要由低到高的价格。第三级价格歧视是指垄断厂商依照不同类型的消费者索要不同的价格。

4.【所属学科】西方经济学第十一章。

【答题思路】自动稳定器亦称内在稳定器,是指经济系统本身存在的一种会自动抵御冲击、降低经济的波动幅度的机制。西方财政制度的自动稳定器是通过财政收入和支出两方面发挥作用的。从财政收入方面来看,当经济衰退时,国民收入水平下降,个人收入减少,相应的政府税收会自动减少。税收减少导致总需求增加,因而将会促使经济回升。反之,当经济过热时,失业率下降,收入增加,税收会随个人收入增加而自动增加,从而起到抑制经济繁荣的作用。从财政支出方面来看,政府支出中的转移支付也具有自发稳定作用。需要注意的是,自动稳定器虽然有着逆周期的自发调节作用,但并不能真正地改变经济运行的实际方向。

三、简答题

1.【所属学科】货币银行学第四章。

【答题思路】(1)商业银行的资产业务是指将自己通过负债业务所聚集的货币资金加以运用的业务。这是取得收益的主要途径。对于所聚集的资金,除了必须保留一部分的现金和在中央银行的存款以应付客户提存和转账结算的需求外,其余部分主要以贴现、贷款和证券投资等方式加以运用。

(2)商业银行的负债业务是指形成其资金来源的业务。其全部资金来源包括自有资本和吸收的外来资金两部分。自有资本包括其发行股票所筹集的股份资本以及公积金和未分配的利润。外来资金主要是吸收存款、向中央银行借款、向其他银行和货币市场拆借以及发行中长期金融债券等。

2.【所属学科】国际经济学第六章。

【答题思路】(1)汇率变化对贸易产生的影响一般表现为:

一国货币对外贬值后,有利于本国商品的出口,不利于本国商品的进口,这会改善一国的贸易条件。而一国货币对外升值后,则有利于外国商品的进口,不利于本国商品的出口,因而会减少贸易顺差或扩大贸易逆差。

(2)要实现本币贬值改善贸易收支的作用,需要一定的前提条件。

首先,本币贬值要改善贸易收支,需要符合马歇尔-勒纳条件,即进出口需求弹性之和必须大于1,即$(D_x + D_m) > 1$(D_x、D_m分别代表出口和进口的需求弹性)。进出口的需求弹性是指由进口商品或出口商品价格的百分比变动引起的对进出口商品需求的百分比变动。

其次,货币贬值改善贸易差额需要一个"收效期",这就是J曲线效应。在现实中,收效的快慢取决于供求关系反应程度的高低,并且在汇率变化的收效期内会出现短期的国际收支恶化现象。贬值后国际收支先恶化后改善的过程是汇率变化"时滞"的体现,"时滞"之所以出现,是因为:贸易公司都是有期限的;贸易商的认识和决策时滞;贬值初期按照新汇率结算的旧合同引起的损失以及进口商对进一步贬值的预期。J曲线效应的期限为9~12个月,如果在这个期限内能够满足马歇尔-勒纳条件,那么国际收支就能得到理想的调节。

最后,即使符合了马歇尔-勒纳条件,外汇倾销政策也不一定能够成功。因为,在6~9个月的收效期内,外汇倾销还可能受到一些因素的干扰而失效,主要有两方面的因素:一方面是来自国内的干扰,如果国内物价持续上涨,使货币对内进一步贬值,且对内贬值程度赶上或超过对外贬值程度,则倾销的条件逐步消失,使得外汇倾销失效;另一方面是来自国外的干扰,外汇倾销会使本国产品冲击对方国家市场,并抢占其他国家在国外市场上的地位,因而很容易遭到倾销对象国和其他有关国家的反对,它们会相应地采取一些反倾销措施,从而使外汇倾销失效。

3.【所属学科】货币银行学第九章。

【答题思路】欧元对于欧盟及世界而言具有积极和消极两方面的意义。

(1)对于欧盟而言,积极意义如下:①促使欧盟区价格与工资富有弹性。欧元使得欧盟成员国中的价格与工资富有弹性,区域内各国之间收支不平衡的调整就会随着欧盟区的工资和价格变化出现不一致,这种不一致就会促使劳动力和商品出现流动,进而实现商品和劳动力的优化配置。②促使要素市场融合。欧元使得欧盟区成员国内部要素充分流动,对外则使生产要素不能完全流动。③促进金融市场融合。欧元使得欧盟区的金融市场出现融合,促使金融市场一体化,对于对抗经济危机等具有一致性。④促进商品市场高度融合。欧元促使欧盟成员国没有货币差异,进而使得欧盟成员国的商品出现自由流动,从而体现出高度的内部开放性。⑤促进宏观经济协调。欧元使得欧盟成员国在面临经济问题时协调宏观调控机制,进而提高欧盟区的经济协调能力。

(2)对于欧盟而言,消极意义在于:①缺乏灵活性的调控机制,调控效率不高。由于欧盟各国的发展水平不一致,其所面临的宏观经济问题可能存在差异,根据不可能三角形的结论,这就使得欧盟各成员国在宏观调控时缺乏灵活性,各个国家可能会采用不同的宏观调控政策,进而促使内部纷争出现,调控效率也随之下降。②可能加大收入分配差异。由于欧盟各国的发展水平不一致,而且商品、要素等自由流动,这就可能加大欧盟成员国内部的发展差异,进而影响收入分配。

(3)对于世界而言,积极意义如下:为世界提供了较为稳定的增长极。欧元为欧盟发展提供了较为稳定的增长极,稳定了国际货币市场,对世界经济的稳定起到了较大的积极作用。

(4)对于世界而言,消极意义如下:欧元不能使资源在欧盟区与世界其他地区之间实现完全流动。由于欧盟区对外统一关税,所以会出现贸易创造和贸易转移,进而不能使要素在欧盟区与世界其他地区之间自由流动。

4.【所属学科】财政学第五章。

【答题思路】税制结构是指一国各个税种的总体安排(只有在复合税制条件下才有税制结构问题)。在税制结构中,不同税种的相对重要性差异很大,形成了不同的税制模式(税制模式是指在一国的税制结构中以哪类税作为主体税种)。税制结构特别是其中的主体税种(税制模式),决定着税制系统的总体功能。具体而言,税制结构的决定因素主要有以下几种:

(1)经济发展水平。经济发展水平越高(低),人均收入越高(低),所得税和社会保障税的收入占税收收入总额的比重越高(低)。这在很大程度上说明了为什么工业化国家以所得税为主,而大多数发展中国家以商品税为主。

(2)征收管理能力。会计制度越完善,征收管理手段越先进,诚信纳税程度越高,所得税的收入比重越高。相比之下,商品税的收入比重在发展中国家比较高,其中的一个重要原因是商品课税在管理上要比所得课税更容易些。

(3)财政支出结构。财政支出结构对税制结构的影响,主要体现在专税专用的情况下,如果某项财政支出的需求较大且所占份额较高,那么,为此融资的相应税种的收入比重也会随之较高。最典型的例子就是社会保障税。

(4)税收政策目标。理论上一般认为,间接税比所得税更有利于经济增长,而所得税比间接税更有利于公平收入分配。所以,旨在促进经济增长的发展中国家的税制结构,一般是以间接税为主;旨在公平收入分配的发达国家的税制结构,一般是以所得税和社会保障税为主。

(5)相邻国家的示范效应。一国的税制结构在一定程度上也受周边国家税制结构的影响,这种示范效应涉及资本、劳动力、商品在相邻国家间的流动。

四、论述与计算题

1.【所属学科】社会主义经济学第二章。

【答题思路】(1)我国对计划与市场关系的认识经历了以下几个主要阶段:

①第一阶段:1978年至1983年,提出了计划经济为主、市场调节为辅的改革思想。党的十一届三中全会后,理论界有越来越多的人认为,应通过放权让利,把计划建立在价值规律的基础上。

②第二阶段:1984年至1987年,提出了有计划的商品经济理论。党的十二届三中全会提出了以下论断:社会主义经济是公有制基础上的有计划的商品经济。商品经济是社会主义经济不可逾越的阶段;计划经济与商品经济具有统一性;计划与市场板块式结合。

③第三阶段:1987年至1992年,提出了社会主义商品经济理论。党的十三大明确提出:社会主义商品经济应该是计划与市场内在统一的体制,计划调节与市场调节应有机结合。经济体制改革的目标是建立"国家调节市场,市场引导企业"的经济运行模式。

④第四阶段:1992年以后,提出了社会主义市场经济理论。邓小平在1992年春的南方谈话中,提出了"计划和市场都是经济手段"的重要论断。党的十四大明确提出:我国经济体制改革的目标是建立社会主义市场经济体制。党的十五大进一步确认:建设有中国特色的社会主义,就是在社会主义条件下发展市场经济,不断解放和发展生产力。党的十六大重申:坚持社会主义市场经济的改革方向,使市场在国家宏观调控下对资源配置起基础性作用。

(2)党的十八届三中全会对政府与市场之间的关系做出的新的论断如下:经济体制改革是全面深化改革的重点,核心问题是处理好政府和市场的关系,使市场在资源配置中起决定性作用和更好地发挥政府作用。

①对市场而言,强调坚持和完善基本经济制度,建设统一开放、竞争有序的市场体系,是使市场在资源配置中起决定性作用的基础。而且,必须加快形成企业自主经营、公平竞争,消费者自由选择、自主消费,商品和要素自由流动、平等交换的现代市场体系,着力清除市场壁垒,提高资源配置效率和公平性。要建立公平开放透明的市场规则,完善主要由市场决定价格的机制,建立城乡统一的建设用地市场,完善金融市场体系,深化科技体制改革。这种创新体现为市场建设更加具体,标志着市场建设更加趋于微观。

②对政府而言,政府必须加快完善现代市场体系,加快转变政府职能,深化财税体制改革,健全城乡发展一体化体制,构建开放型经济新体制,加强社会主义民主政治制度建设,推进法治中国建设,强化全力运行制约和监督体系,推进社会事业改革创新,创新社会治理体制,加快生态文明制度建设。这种新主要体现在政府进一步放权让利,体现必要的管理职能和调控职能,促使政府进一步减少经济干预。

2.【所属学科】西方经济学第十章。

【答题思路】(1)本小题为宏观经济学的基本考查形式,解题思路为,求出 IS 及 LM 曲线。当市场达到均衡时,均衡点即为 IS 和 LM 曲线的交点。

在商品市场和货币市场达到一般均衡时有

$$IS = LM$$

$$200 - 5r + 5G = 1.25r + 5M_s$$

将 $G = 5, M_s = 40$ 代入求解,可得 $Y = 205, r = 4$。

所以,商品市场和货币市场的一般均衡收入是 205。

(2)可以将充分就业收入理解为当前经济状态下最理想的收入。实际的收入水平与充分就业水平并不完全相等。

根据(1)计算的结果可得短期均衡收入为 205,而长期总供给为 210,短期均衡收入小于长期总供给,所以经济体系存在失业,即该一般均衡收入没有达到充分就业水平。

(3)当实际的国民收入水平与充分就业水平不相等时,可以采用财政政策或者货币政策使得市场均衡时的国民收入等于充分就业收入。一般而言,当通过财政政策来实现这一过程时,其目的是要求出政府购买支出 G;通过货币政策实现时,政府可控制的变量为名义货币供给 M。

根据题目可知,实施扩张性的财政政策就是通过增加政府购买支出,使得 IS 向右移动到 IS_1,此时求解利率就是将 $Y_f = 210$ 代入 LM 曲线,即

$$210 = 1.25r + 5 \times 40$$

解得 $r = 8$,将 $r = 8$ 代入 IS 曲线可得,$G = 10$。

所以相对于以前的 IS 而言,政府购买支出增加 5 单位。

如果政府采用扩张性的货币政策,则其分析过程如图 2 所示。

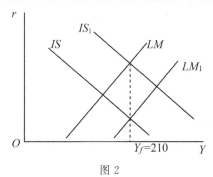

图 2

此时,政府通过增加货币发行量,使得 LM 曲线向右移动到 LM_1,此时的利率求解就是将 $Y_f = 210$ 代入 IS 曲线,即

$$210 = 200 - 5r + 5G, G = 5$$

解得 $r = 3$,将 $r = 3$ 代入 LM 曲线,即

$$Y_f = 1.25r + 5Ms, Y_f = 210, r = 3$$

解得 $Ms = 41.25$。

对比 LM 与 LM_1 的货币供给量可以看出,货币供给增量为 1.25 单位。

(4)根据上述计算结果可以看出,扩张性的财政政策或者扩张性的货币政策都能使经济从失业调整到充分就业,它们都能使得总需求增加,因而可以得出如下结论:

需求管理政策就是政府通过改变政府购买支出、税收和货币供给等变量,促使 IS 曲线或者 LM 曲线发生移动,进而使得总需求曲线发生移动,从而使国民收入达到自然率时收入的政策。它主要通过财政政策或者货币政策起作用,而且短期内它是有效的,能够促使经济实现充分就业。

2015年同等学力人员申请硕士学位
学科综合水平全国统一考试经济学试卷

一、单项选择题(每小题2分,共16分)

1. 二元经济结构是指以(   )为主的现代部门与以(   )为主的传统部门并存,传统部门比重大,现代部门发展不足以及城乡差距明显的经济结构。

   A. 高科技产业/低端制造业　　　　　　B. 资本密集型/劳动密集型

   C. 城市工业/农村农业　　　　　　　　D. 先进产业/落后产业

2. 若正常品需求曲线向下倾斜,可能导致该商品需求 D 向右上方移动至 D' 的因素包括(   )。

   ①该商品价格下降　　　　②替代品价格上升　　　　③互补品价格上升

   ④消费者收入上升　　　　⑤消费者偏好增加

   A. ①②　　　　　　B. ②③　　　　　　C. ③④　　　　　　D. ④⑤

3. 不属于我国社会保障制度构成的内容的是(   )。

   A. 社会保险　　　　　　　　　　　　B. 社会捐赠

   C. 社会福利　　　　　　　　　　　　D. 社会救济

4. (   )不属于国债的功能。

   ①弥补政府财政赤字　　　　②替代私人投资　　　　③调节经济

   ④筹集建设资金　　　　　　⑤公开市场业务

   A. ②⑤　　　　　　B. ②④　　　　　　C. ①⑤　　　　　　D. ①④

5. 米德冲突是指(   )。

   A. 一国如果希望同时达到内部均衡与外部均衡之间的目标,则必须同时运用支出调整政策和支出转换政策

   B. 要实现 n 个经济目标,必须具备 n 个政策工具

   C. 在某些情况下,单独使用支出调整政策(财政政策和货币政策),追求内外均衡将会导致一国内部均衡与外部均衡之间的冲突

   D. 在某些情况下,同时使用支出调整政策,追求内外均衡将会导致一国内部均衡与外部均衡之间的冲突

6. 在确定的未来某一时刻,按照确定的价格买卖(但不在交易所集中交易)一定数量的某种资产的协议是(   )。

   A. 远期合约　　　B. 期货合约　　　C. 期权合约　　　D. 互换合约

7. 根据最优货币区,最优货币区理论的条件包括(   )。

   ①要素市场融合　　　　　　　　　　②价格与工资弹性

   ③商品市场高度融合　　　　　　　　④国际收支顺差

   ⑤宏观经济协调和政策融合　　　　　⑥金融市场融合

   A. ①②④⑥　　　　　　　　　　　　B. ①②③④⑥

   C. ①③④⑥　　　　　　　　　　　　D. ①②③⑤⑥

8. 国际收支表的经常账户包括( )。

①货物　　　　　　②服务　　　　　　③收入

④经常转移　　　　⑤国际收支

A. ①②③　　　　　　　　　　　　　　B. ①②③④

C. ①②③④⑤　　　　　　　　　　　　D. ①②④⑤

二、名词解释(每小题 3 分,共 12 分)

1. 提供曲线

2. 流动偏好陷阱

3. 等产量线

4. 国家预算法

三、简答题(每小题 8 分,共 32 分)

1. 简述利息平价理论的基本思想。

2. 简述中国货币供应的内生性。

3. 简要分析税收负担转嫁的条件。

4. 试用图形解释"三元悖论"。

四、论述与计算题(每小题 20 分,共 40 分)

1. 什么是产权?产权明晰化的含义是什么?产权明晰化对社会主义市场经济体制有哪些好处?

2. 考虑某封闭经济满足以下条件:消费 $C=40+0.8(Y-T)$;投资 $I=140-10r$,r 表示利率;政府税收 $T=50$;政府支出 $G=50$;实际货币需求 $L=0.2Y-5r$;名义货币供给 $M=100$;价格水平 P。

(1)求 IS 曲线。

(2)求 LM 曲线。

(3)求总需求曲线和价格水平 $P=1$ 时的总产出。

(4)在第(3)问的条件下,如果政府支出 G 从 50 增加到 80,政府支出的增加挤占了多少私人投资?

(5)解释什么叫挤出效应,并说明产生这一效应的原因。

答案与解析

一、单项选择题

1.【正确答案】C

【所属学科】社会主义经济学第八章。

【难易程度】简单

【考点解析】二元经济结构是指以城市工业为主的现代部门与以农村农业为主的传统部门并存,传统部门比重过大,现代部门发展不足以及城乡差距十分明显的经济结构。它是发展中国家经济体系的共有特征。

2.【正确答案】D

【所属学科】社会主义经济学第二章。

【难易程度】中等

【考点解析】在本题中,注意区分"需求量的变动"与"需求的变动"。前者指的是在别的条件不变的情况下,由于商品价格变动带来的需求量的变动,也就是所谓的"点动线不动"。后者指的是,在价格不变的情况下,由于市场因素带来的商品的需求量的变动,也就是所谓的"线动点不动"。本题题干描述的情况为"需求的变动",因此是非商品价格因素影响的结果。对于①,分析的是需求量的变动原因;对于③,当互补品价格上升时,该商品的价格会下降。由此,②④⑤为正解,本题答案为 D。

3.【正确答案】B

【所属学科】财政学第三章。

【难易程度】中等

【考点解析】我国社会保障制度由四个方面的内容构成,包括社会保险、社会救济、社会福利、社会优抚。因此 B 项不属于社会保障制度的内容。

4.【正确答案】A

【所属学科】财政学第六章。

【难易程度】中等

【考点解析】我国国债的功能主要包括:①弥补政府财政赤字;②筹集建设资金;③调节经济运行。

5.【正确答案】C

【所属学科】货币银行学第十章。

【难易程度】中等

【考点解析】米德冲突是指在许多情况下,单独使用支出调整政策或支出转换政策而同时追求内外均衡,将会导致一国内部均衡与外部均衡之间的冲突。

6.【正确答案】A

【所属学科】货币银行学第五章。

【难易程度】简单

【考点解析】远期合约是在确定的未来某一时期,按照确定的价格买卖一定数量的某种资产的协议。与期货合约相比,远期的交易合约并不是标准的,并不在交易所中集中交易。

7.【正确答案】D

【所属学科】货币银行学第十章。

【难易程度】较难

【考点解析】最优货币区理论在大纲中并未重点提及。一般而言,最优货币区是指一种"最优"的地理区域,在此区域内,支付手段或是单一的共同货币,或是几种货币,这几种货币之间具有无限的可兑换性,其汇率在进行经常交易和资本交易时互相钉住,保持不变;但是区域内的国家与区域以外的国家之间的汇率保持浮动。最优在此意味着内部平衡与外部平衡同时得以实现。当一个货币区域满足要素市场融合、价格与工资具有充分弹性、商品市场高度融合、宏观经济协调与政策融合、金融市场融合这五个条件时,便在理论上成了最优货币区。国际收支顺差不属于最优货币区的条件,因为当国际收支顺差出现时,外部均衡无法得到实现。

8.【正确答案】B

【所属学科】国际经济学第五章。

【难易程度】中等

【考点解析】国际收支表的经常账户包含服务、货物、收入与经常转移四项内容。

二、名词解释

1.【所属学科】国际经济学第二章。

【答题思路】提供曲线也称相互需求曲线,是由马歇尔和埃奇沃思提出的,它表明一个国家为了进口一定量的商品,必须向其他国家出口一定量的商品,因此提供曲线即对应某一进口量愿意提供的出口量的轨迹。两个国家的提供曲线的交汇点所决定的价格,就是国际商品的交换价格(交换比率)。

2.【所属学科】西方经济学第十章。

【答题思路】西方经济学认为,利息是人们在一定时期内放弃流动偏好(指人们想以货币形式保持一部分财富的愿望)的报酬。利息率的高低取决于货币的供求,流动偏好代表了货币的需求,货币数量代表了货币的供给。货币数量的多少,由中央银行的政策决定,货币数量的增加在一定程度上可以降低利息率。当利息率极低时,有价证券的价格处于高点,这时人们就会纷纷出售有价证券而持有货币,以免证券价格下跌时蒙受损失,此时,人们对货币的需求量趋向于无穷大。

3.【所属学科】西方经济学第三章。

【答题思路】等产量线指的是,在技术水平不变的条件下,生产同一产量的产品所需生产要素的各种不同组合描述出的轨迹。等产量线的基本特征:①有无数条,每一条代表着一个产量,并且离原点越远,产量就越大;②任意两条等产量线不相交;③向右下方倾斜;④凸向原点。其中,等产量线凸向原点是由边际技术替代率递减规律决定的。

4.【所属学科】财政学第七章。

【答题思路】国家预算法是国家预算管理的法律规范,是组织和管理国家预算的法律依据。其主要任务是规定国家立法机关和国家执行机关、中央和地方、总预算和单位预算之间的权责关系和收支分配关系。

三、简答题

1.【所属学科】国际经济学第六章。

【答题思路】利息平价理论研究的是汇率与利率之间的密切关系。当各国利率存在差异时，投资者为了获得较高的收益，愿意将资本投向利率较高的国家。但是，这一较高的投资收益率是否能够实现，不仅取决于利率情况，而且取决于该国货币的汇率。如果汇率对投资者不利的话，他有可能不仅得不到较高的收益，还会遭受损失。

在套利者的国际套利行为中，外汇交易推动了均衡汇率的形成。由凯恩斯和爱因齐格提出的远期汇率决定理论认为，在两国利率存在差异的情况下，资金将从低利率国流向高利率国以谋取利润。但套利者在比较金融资产的收益率时，不仅考虑两种资产利率所提供的收益率，还要考虑两种资产由于汇率变动所产生的收益变动，即外汇风险。套利者往往将套利与掉期业务相结合，以避免汇率风险，保证无亏损之虞。大量掉期外汇交易的结果是，低利率国货币的现汇汇率下浮，期汇汇率上浮；高利率国货币的现汇汇率上浮，期汇汇率下浮。远期差价为期汇汇率与现汇汇率的差额，由此低利率国货币就会出现远期升水，高利率国货币则会出现远期贴水。随着抛补套利的不断进行，远期差价就会不断加大，直到两种资产所提供的收益率完全相等，这时抛补套利活动就会停止，远期差价正好等于两国利差，即利率平价成立。

因此我们可以归纳一下利率平价说的基本观点：远期差价是由两国利率差异决定的，并且高利率国货币在期汇市场上必定贴水，低利率国货币在期汇市场上必定升水。

2.【所属学科】货币银行学第七章。

【答题思路】货币供应的内生性指的是货币供应量是在一个经济体系内部由多种因素和主体共同决定的，中央银行只是其中的一部分，因此，并不能单独决定货币供应量。此外，微观经济主体对现金的需求程度、经济周期状况、商业银行、财政和国际收支等因素均影响货币供应。

目前，我国中央银行基础货币投放的渠道主要有外汇占款、再贷款、再贴现和公开市场操作。在我国央行基础货币供给的四种方式中，除了再贴现贷款的内生性有所降低外，其他方式都表现出较强的内生性，都不能受中央银行完全控制。随着我国市场经济体制的完善以及金融体系的健全，我国货币供给已日益表现出更多的内生性特征。

3.【所属学科】财政学第四章。

【答题思路】税收负担转嫁，简称"税负转嫁"，指税收负担从纳税人那里转移到他人身上的现象。换句话说，税收负担转嫁是指纳税人把自己缴纳的税收转移给别人负担的过程。税负转嫁有广义和狭义之分。广义的税负转嫁包括税负转移和最终归宿两个部分。狭义的税负转嫁仅指纳税人把税收负担转移给负税人的过程。

一般来说，税负转嫁的存在主要取决于以下两方面的条件：

(1)商品经济的存在。

税负转嫁是在商品交换中通过商品价格的变动实现的。没有商品交换的存在，就不会有税收负担的转嫁。因此，商品经济是税负转嫁的经济前提。从历史上看，在以自给自足为基础的自然经济社会里，产品一般不经过市场交换，直接从生产领域进入消费领域。在这个时期，农业是国民经济的主要部门，国家征税主要是来自土地及土地生产物的税收,这部分税收只能由土地所有者负担,纳税人不能实现税负转嫁。随着生产力的发展,出现了商品经济。在资本主义社会,商品经济高度发展。在商品经济条件下,一切商品的价值都通过货币形式表现为价格,商品交换突破了时间和地域的限制而大规模地发展起来,为商品和商品流转额的征税开辟了广阔的场所,同时也为商品课税转嫁提供了可能,商品课税也迂回地或间接地通过价格的变动实现转嫁。

(2)自由定价体制的存在。

税负转嫁是和价格运动直接联系的,一般是通过提高货物的售价或压低进货的购价来实现的。其中,有些税种的税负可以直接通过价格的变动实现转嫁;有些税种的税负是通过资本投向的改变影响商品供求关系,即间接地通过价格的变动实现转嫁。无论采取哪种形式,转嫁都依赖于价格的变动。因此,自由定价制度是税负转嫁存在的基本条件。

自由定价制度是指生产经营者或其他市场主体可以根据市场供求关系的变化自行定价的价格制度。价格制度主要有三种类型:即政府指令性计划价格制度、浮动价格制度和自由价格制度。在政府指令性计划价格制度下,生产经营者或其他市场主体没有自己的定价权,价格直接由政府控制,纳税人不能通过价格变动实现税负转嫁。在浮动价格制度下,政府确定商品的最高限价或最低限价,在浮动范围内,生产经营者和其他市场主体有一定的自由定价权,可以在一定程度和范围内实现税负转嫁。在自由定价制度下,生产经营者和其他市场主体完全可以根据市场供求关系的变化自由定价,税负可以实现转嫁。

通过对税负转嫁存在条件的分析,必然得出这样的结论:我国在实行高度集中的计划管理体制下,基本上不存在税负转嫁。实行市场经济体制后,客观上存在着税负转嫁。因为市场经济是一种高度发达的商品经济。在这种体制下,商品的生产经营者和其他市场主体各有独立的物质利益。盈利成为一切生产经营活动的根本动机,实现税负转嫁成为各类纳税人的主观动机和愿望。同时,随着经济体制改革的不断深化,政府对价格大部分放开,企业已有很大的自由定价权,以自由价格为基础的自由定价制度已基本形成,税负转嫁的客观条件已经具备。因此,在商品经济中客观存在的税负转嫁现象,在我国市场经济中也必然客观存在。

4.【所属学科】国际经济学第八章。

【答题思路】三元悖论是由美国经济学家保罗·克鲁格曼就开放经济下的政策选择问题所提出的,其含义是在开放经济条件下,本国货币政策的独立性、固定汇率、资本的自由进出不能同时实现,最多只能同时满足两个目标,而放弃另外一个目标来实现调控的目的。三元悖论原则可以用图1来直观表示。三元悖论是指图中心位置的灰色三角形,即在资本完全流动的情况下,如果实行严格的固定汇率制度,则没有货币政策的完全独立;如果货币政策完全独立,则必须放弃固定汇率制度;如果要使固定汇率制度和货币政策独立性同时兼得,则必须实行资本管制。也就是在灰色三角形中,三个角点只能三选二。

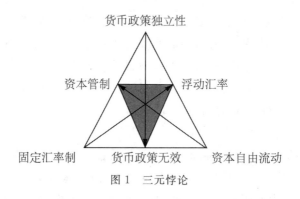

图 1 三元悖论

四、论述与计算题

1.【所属学科】社会主义经济学。

【答题思路】(1)产权是一种通过社会强制而实现的对某种经济物品的多种用途进行选择的权利。也就是说,产权不是一种而是一组权利,它包括使用权、收益权、转让权。产权制度指既定产权关系和产权规则结合而成的且能对产权关系实现有效的组合、调节和保护的制度安排。

(2)产权明晰化的含义是指,要以法律形式明确企业出资者与企业基本财产的关系,即企业在产权关系方面的资产所有权及相关权利的归属明确、清晰。它是现代企业制度在产权关系方面所表现出来的特征。市场经济发展的实践表明,只有当稀缺资源的财产所有权被清晰地加以界定的时候,市场才会是有效率的。产权明晰要求有明确的产权主体,对相关资产行使占有、使用、处置和收益等权利;有清晰的产权边界;厘清产权关系;权责相等。

(3)社会主义市场经济体制是在社会主义公有制基础上,在国家宏观调控下使市场机制在社会资源配置中发挥基础性作用的经济体制。具体地说是使经济活动遵循价值规律要求,适应供求关系的变化;通过价格杠杆和竞争机制的功能,把资源配置到效益较好的环节中去,并给企业以压力和动力,实现优胜劣汰;运用市场对各种经济信号比较灵敏的优点,促进生产和需求的及时协调;针对市场自身的弱点和消极方面,国家对市场进行有效的宏观调控。

社会主义市场经济体制的根本问题是,在所有制结构上,以公有制(包括全民所有制和集体所有制)经济为主体,个体经济、私营经济、外资经济多种所有制经济长期共同发展,不同经济成分还可以自愿实行多种形式的联合。在这种所有制的作用下,国有企业、集体企业和其他企业都进入市场,通过平等竞争发挥国有企业的主导作用。而当前,在国企的治理实践中出现了因产权模糊带来的一些所有者虚置、管理者缺位的情况。所有者虚置体现在经济运行当中,虽然法律上有明确的所有者,但是没有可操作性,虚置的资本所有者无法直接享有或分享资本收益的权利,因此也就无法对企业运行实行有效的监督。而管理者的缺位,体现在缺少能遵守市场规则、有经营者素质、能独立决策的职业经理。目前我国国有企业经营者多数是上级行政部门任命的技术方面的专家,但对企业管理并不十分专业,因此对于市场的风险意识、企业的经营运行、资本的保值增值都无力保证。从所有者、管理者两个角度出发,产权主体模糊从表面看是国有企业效率低下甚至亏损,但本质上就是对股东利益的损害、对股东主权的掠夺。因此,产权明晰化首先有利于国有企业效率的提升,从而确定国有经济高效运行,进而确保国有经济在国民经济中的支配地位。此外,产权明晰化也意味着以按劳分配为主体、其他分配方式并存,效率优先、兼顾公平的基本分配制度得到效率上的保证。

2.【所属学科】西方经济学第十章。

【答题思路】(1)由 $Y=C+I+G$ 得

$$Y=40+0.8(Y-50)+140-10r+50$$

即 $Y=950-50r$,为 IS 曲线。

(2)实际货币供给为 $L=M/P$,由实际货币供给和实际货币需求相等,可得 LM 曲线为

$$0.2Y-5r=100/P$$

化简得

$$Y=500/P+25r$$

(3)联立 IS 与 LM 曲线消去 r,得到总需求曲线

$$Y=950/3+1\ 000/3P$$

当 $P=1$ 时,解得 $Y=650$,即价格水平 $P=1$ 时的总产出为 650。

(4)G 增加 30 单位后,由 $Y=C+I+G$ 得

$$Y=40+0.8(Y-50)+140-10r+80$$

化简得

$$Y=1\ 100-50r$$

LM 曲线

$$Y=500/P+25r=500+25r(P=1)$$

将以上两式联立得

$$1\ 100-50r=500+25r$$

解得 $r=8$,此时 $I=60$。

因此,政府支出增加带来了利率的上升,挤出效应为 $80-60=20$。

(5)挤出效应是指政府支出的增加导致利率上升,进而使私人投资减少,从而使国内生产总值的数量减少。如图 2 所示,假设开始时,IS 曲线处在 IS_0 的位置上,LM 的曲线位置给定。当政府的财政支出增加,使得 IS 曲线由 IS_0 右移到 IS_1 的位置上时,均衡点由过去的 E_0 移动到 E_1 上。此时,均衡国民收入由 Y_0 右移到 Y_1 上。但是要注意,在宏观经济学提到的乘数理论里,在不考虑货币市场 LM 曲线(即利率不发生变动)的情况下,其乘数效应后的结果应当为 Y_2(注意 Y_2 与 Y_0 的利率相同)。Y_2 与 Y_1 之间的差额即此处的挤出效应,这部分挤出效应是由利率上升带来的投资减小造成的。

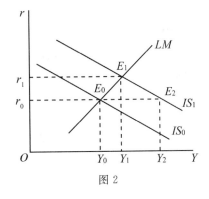

图 2

2016年同等学力人员申请硕士学位
学科综合水平全国统一考试经济学试卷

一、单项选择题(每小题2分,共16分)

1.马克思主义经济学的分析方法是( )。
　　A.实体分析法　　　　　　　　　B.形式主义分析法
　　C.个体成本利益分析法　　　　　D.整体主义分析法

2.长期平均成本曲线呈U形递减的原因是( )。
　　A.规模经济　　　　　　　　　　B.外部经济
　　C.边际报酬递减规律　　　　　　D.规模报酬

3.我国政府预算收入不包括( )。
　　A.税收收入　　　　　　　　　　B.社会保障基金
　　C.非税收入　　　　　　　　　　D.预算外收入

4.以下哪些属于个人所得税范围?( )
　　①薪资所得　　　　　　　　　　②个体经营所得
　　③股息所得　　　　　　　　　　④租赁所得
　　A.①②③　　　　　　　　　　　B.②③
　　C.①②③④　　　　　　　　　　D.②③④

5.直接融资是指( )。
　　A.货币资金需求方与资金供给方直接发生的信用关系
　　B.资金需求方与资金供给方通过金融中介进行交易
　　C.金融中介之间交易
　　D.资金需求方与资金供给方通过非金融中介交易

6.根据费雪效应,一国通货膨胀率上升,该国名义利率及货币对外价值的变化为( )。
　　A.名义利率提高,货币对外价值降低
　　B.名义利率提高,货币对外价值提高
　　C.名义利率降低,货币对外价值提高
　　D.名义利率降低,货币对外价值降低

7.贸易创造的含义是指( )。
　　A.产品从生产成本较高的国内生产转向成本较低的国外的过程和现象
　　B.产品从过去进口自较低生产成本国转向从较高成本国进口的过程和现象
　　C.产品从生产成本较低的国内生产转向成本较高的国外的过程和现象
　　D.产品从过去进口自较高生产成本国转向从较低成本国进口的过程和现象

8.属于一般性货币政策工具的是( )。
　　A.再贴现　　　　　　　　　　　B.不动产信用控制
　　C.消费信用控制证券　　　　　　D.市场信用控制

二、名词解释(每小题 3 分,共 12 分)

1. 基数效用
2. 新古典宏观经济学
3. 非税收入
4. 产品的同质性与异质性

三、简答题(每小题 8 分,共 32 分)

1. 简述国家预算的原则。
2. 简述存款保险制度的含义、功能和问题。
3. 简述特里芬难题的含义。
4. 简述国际收支调节的 J 曲线效应。

四、论述与计算题(每小题 20 分,共 40 分)

1. 试论述市场失灵的概念及原因,政府干预经济的优势和手段有哪些?
2. 垄断市场条件下,成本函数 $C=Q^2$,需求曲线为 $P=100-Q$。

    (1)求均衡条件下的 Q,P。

    (2)求均衡条件下的需求价格弹性。

    (3)当需求函数变为 $P=60-Q$ 时,求利润最大化均衡条件下需求的价格弹性。

    (4)当需求函数变为 $P=100-3Q$ 时,求利润最大化均衡条件下需求的价格弹性。

    (5)根据上述结果说明需求的价格弹性和需求曲线斜率的关系。

答案与解析

一、单项选择题

1.【正确答案】D

【所属学科】社会主义经济学导论。

【难易程度】中等

【考点解析】马克思主义经济学从唯物辩证法和历史唯物主义出发,认为经济学的研究对象是特定生产方式之下的社会生产关系,而不是物的关系,并且认为形成社会力量的各种社会整体及它们的相互关系不但决定个体利益的内容,还决定它的客观形成机制。因此,经济学分析的逻辑起点不应是经济人,而应是社会人。在社会人假设的基础上,马克思主义经济学形成了整体主义分析法。

2.【正确答案】A

【所属学科】西方经济学第三章。

【难易程度】中等

【考点解析】长期平均成本曲线(LAC)表示厂商在长期内按产量平均计算的最低总成本。它是一条先下降而后上升的线,常与短期平均成本曲线相结合考查。短期平均成本曲线呈 U 形的原因是短期生产函数的边际报酬递减规律的作用。长期平均成本曲线的 U 形特征主要是由长期生产中的规模经济和规模不经济决定的。

3.【正确答案】D

【所属学科】财政学第七章。

【难易程度】中等

【考点解析】我国政府预算收入来源包括税收收入、社会保障基金收入、非税收入,不包括预算外收入。

4.【正确答案】C

【所属学科】财政学第七章。

【难易程度】中等

【考点解析】根据《个人所得税法》,个人所得税的征收范围包括工资、薪金所得;个体工商户的生产、经营所得;对企事业单位的承包经营、承租经营所得;劳务报酬所得;稿酬所得;特许权使用费所得;利息、股息、红利所得;财产租赁所得;财产转让所得;偶然所得;经国务院财政部门确定征税的其他所得。

5.【正确答案】A

【所属学科】货币银行学第四章。

【难易程度】中等

【考点解析】直接融资是指货币资金需求方与资金供给方直接发生的信用关系。在这种融资方式下,在一定时期内,资金盈余单位通过直接与资金需求单位协商,或在金融市场上购买资金需求单位所发行的有价证券,将货币资金提供给需求单位使用。商业信用、企业发行股票和债券,以及企业之间、个人之间的直接借贷,均属于直接融资。

6.【正确答案】A

【所属学科】货币银行学第四章。

【难易程度】中等

【考点解析】名义利率是以名义货币表示的利率,是借贷契约和有价证券上载明的利息率,也就是金融市场表现出的利率。实际利率是指名义利率剔除了物价变动(币值变动)因素之后的利率,是债务人使用资金的真实成本。两种利率的关系式:实际利率＝名义利率－通货膨胀率。因此,当通货膨胀率上升时,货币对外价值降低;在实际利率保持不变的情况下,名义利率上升。

7.【正确答案】A

【所属学科】国际经济学第九章。

【难易程度】中等

【考点解析】在国际贸易理论与实践中,两个或两个以上国家间结成关税同盟后,因取消关税降低了贸易商品的价格,使产品从成本较高的国内生产转向成本较低的贸易对象国生产,本国从贸易对象国进口,这就是贸易创造。

8.【正确答案】A

【所属学科】货币银行学第七章。

【难易程度】中等

【考点解析】一般性货币政策工具主要包括存款准备金制度、再贴现政策和公开市场业务三大工具,即所谓的"三大法宝"。

二、名词解释

1.【所属学科】西方经济学第二章。

【答题思路】基数效用论是 19 世纪和 20 世纪初期西方经济学普遍使用的概念。基本观点是效用是可以计量并加总求和的。表示效用大小的计量单位被称为效用单位基数。因此,效用的大小可以用基数(1、2、3……)来表示,正如长度单位可以用米来表示一样,基数效用论采用的是边际效用分析法。

2.【所属学科】西方经济学第十五章。

【答题思路】新古典宏观经济学承袭新古典经济理论的思想,以个体利益最大化、理性预期和市场出清为基本假设。新古典宏观经济学遵循古典经济学的传统,相信市场力量的有效性,认为如果让市场机制自发地发挥作用,就可以解决失业、衰退等一系列宏观经济问题。

3.【所属学科】财政学第五章。

【答题思路】非税收入是指除税收以外,由各级政府、国家机关、事业单位、代行政府职能的社会团体及其他组织依法利用政府权力、政府信誉、国家资源、国有资产或提供特定公共服务、准公共服务取得的财政性资金,是政府财政收入的重要组成部分。

4.【所属学科】国际经济学第四章。

【答题思路】产品的同质性是指产品间可以完全相互替代,但市场区位不同,市场时间不同;产品的异质性是指产品间不能完全替代(尚可替代),同类产品在实物形态上存在差异,如质量、规格、商标、牌号等不同,甚至每一种产品在其中每一方面存在细微差别。

三、简答题

1.【所属学科】财政学第四章。

【答题思路】国家预算的原则是指国家选择预算形式和体系应遵循的指导思想,是制定政府财政收支计划的方针。原则主要有以下五条:

(1)公开性。国家预算及其执行情况必须采取一定的形式公之于众,让民众了解财政收支情况,并置于民众的监督之下。

(2)可靠性。每一收支项目的数字指标必须运用科学的方法,依据充分,资料确实,不得假定、估算,更不能任意编造。

(3)完整性。该列入国家预算的一切财政收支都要反映在预算中,不得造假账及预算外另列预算。国家允许的预算外收支,也应在预算中有所反映。

(4)统一性。尽管各级政府都设有财政部门,也有相应的预算,但这些预算都是国家预算的组成部分,所有地方政府预算连同中央预算一起共同组成统一的国家预算。这就要求设立统一的预算科目,每个科目都要严格按统一的口径、程序计算和填列。

(5)年度性。任何一个国家预算的编制和实现,都要有时间上的界定,即所谓预算年度。它是指预算收支的起讫的有效期限,通常为一年。

2.【所属学科】货币银行学第四章。

【答题思路】存款保险制度是一种金融保障制度,是指由符合条件的各类存款性金融机构集中起来建立一个保险机构,各存款机构作为投保人按一定存款比例向其缴纳保险费,建立存款保险准备金,当成员机构发生经营危机或面临破产倒闭时,存款保险机构向其提供财务救助或直接向存款人支付部分或全部存款,从而保护存款人利益、维护银行信用、稳定金融秩序的一种制度。存款保险制度可提高金融体系稳定性,保护存款人的利益,促进银行业适度竞争;但其本身也有成本,可能诱发道德风险,使银行承受更多风险,还会产生逆向选择的问题。

3.【所属学科】货币银行学第九章。

【答题思路】美国经济学家特里芬在 1960 年指出,由于美元与黄金挂钩,而其他国家的货币与美元挂钩,美元虽然取得了国际核心货币的地位,但是各国为了发展国际贸易,必须用美元作为结算与储备货币,这样就会导致流出美国的货币在海外不断沉淀,对美国国际收支来说就会发生长期逆差;而美元作为国际货币核心的前提是必须保持美元币值稳定,这又要求美国必须是一个国际贸易收支长期顺差国。这两个要求互相矛盾,被称为特里芬难题。

4.【所属学科】国际经济学第四章。

【答题思路】(1)J 曲线效应的含义:当一国货币贬值后,最初会使贸易收支状况进一步恶化而不是改善,只有经过一段时间后,贸易收支恶化才会得到控制并好转,最终使贸易收支状况得到改善。这个过程用曲线描述出来与英文字母"J"相似,所以贬值对贸易收支改善的时滞效应被称为 J 曲线效应。如图 1 所示。

(2)本币贬值对国际收支状况的影响存在时滞,其原因是出口增长需要投资增加生产,因此有时滞;进口本身有惯性,贸易商认识、决策甚至找到进口货物的替代品和生产出替代品都需要时间,因此贬值作用很难即刻体现。

(3)J 曲线效应产生的原因在于在短期内进出口需求弹性小于 1,本币贬值恶化贸易收支,而在中长期,进出口需求弹性大于 1,本币贬值能改善国际收支。随着现代经济不断发展,这一过程花费的时间越来越短,一般认为是 3~6 个月。这就要求贬值国要有一定的外汇储备以预防 J 曲线效应的影响。

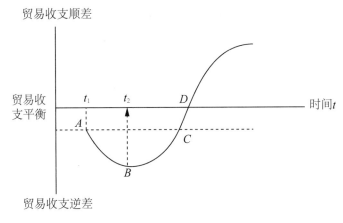

图 1　J 曲线效应

四、论述与计算题

1.【所属学科】社会主义经济学第十章。

【答题思路】(1)市场失灵是指完全竞争市场所假定的条件得不到满足,导致市场配置资源的能力不足从而缺乏效率的表现,市场机制未能实现帕累托最优状态。

(2)导致市场失灵的原因是多方面的,包括:①垄断。在垄断情况下,厂商的边际收益小于价格。因此,当垄断厂商按利润最大化原则,即边际收益等于边际成本确定产量时,其价格将不是等于而是大于边际成本。这就出现了低效率的情况。此外,为获得和维持垄断地位从而得到垄断利润的寻租活动是一种纯粹的浪费,这进一步加剧了垄断的低效率情况。②外在性(又称外部性)又被称为溢出效应、外部影响、外差效应或外部效应。外部经济是指一个人或一群人的行动和决策使另一个人或一群人受损或受益的情况。正的外部性指的是对另外的经济主体带来了福利的增加,负的外部性指的是对另外的主体带来了福利的减小。无论是正的外部性还是负的外部性,都会导致市场失灵,影响市场对资源的配置。③公共物品。公共物品是指具有非排他性和非竞争性的物品,由于公共物品由私人占有而不用付出代价,这就产生了公共物品供给的问题,也就是所谓的"搭便车"的现象。在公共物品的购买与使用上,大家都不愿意付出而同时希望占有,此时市场上价格机制又起不到调节资源配置的作用,从而导致市场失灵现象。④不完全信息。不完全信息主要是指市场各方对市场信息的掌握程度是不同的。不完全信息带来市场失灵,主要包含逆向选择与道德风险两种情况。逆向选择是指在次品市场上出现的高质量产品遭淘汰而低质量产品生存下来的现象。处于信息劣势的一方,往往按平均水平推测产品的质量,从而导致高质量产品的交易价格偏低、交易数量较少,甚至可能导致只有次品才能成交的逆向选择。道德风险指的是,在特定条件下确立的交易,由于事后具有信息优势的一方采取"不道德"的行为而使得另外一方蒙受损失。

(3)政府所采取的措施主要包括:①政府往往对垄断行业进行管制。价格管制或者价格及产量同时管制是政府通常采取的手段。为了提高垄断厂商的生产效率,政府试图使价格等于边际成本,从而使产量达到帕累托最优水平。②纠正外在性的传统方法主要有征税或补贴以及外部影响内部化的主张。征税或补贴方案是政府通过征税或者补贴来矫正经济当事人的私人成本。另一种方法是合并企业,使得外在性问题内在化。③为了解决公共物品导致的市场失灵,经济学家们建议利用非市场的决策方式得到消费者对公共物品的真实偏好。④对于信息不完全问题,政府所采取的政策往往是保护信息劣势一方。例如,上市公司的信息披露制度、二手车市场上强制保修等。

2.【所属学科】西方经济学第四章。

【答题思路】本题主要考点有:

①需求的价格弹性的计算:需求的价格弹性是指在一定时期内商品需求量的相对变动对于该商品价格的相对变动的反应程度,计算方法如下。

$$e_d = \lim_{\Delta P \to 0} -\frac{\Delta Q}{\Delta P} \cdot \frac{P}{Q} = \frac{dQ}{dP} \cdot \frac{P}{Q}$$

②企业利润最大化决策条件:$MC = MR$。

【解答】(1)垄断厂商达到生产均衡时,有 $MR = MC$。其中 $MR = \frac{dTR}{dQ}$,$MC = 2Q$,$TR = P \cdot Q = 100Q - Q^2$,$MR = 100 - 2Q$。联立得 $P = 75$,$Q = 25$。

(2)此时,需求的价格弹性 $e_d = -\frac{dQ}{dP} \cdot \frac{P}{Q} = 3$。

(3)当需求函数变成 $P = 60 - Q$ 时,$TR = 60Q - Q^2$,$MR = 60 - 2Q$,$MC = 2Q$ 不变。此时,联立 $MR = MC$,解得 $Q = 15$,$P = 45$。需求的价格弹性 $e_d = -\frac{dQ}{dP} \cdot \frac{P}{Q} = 3$。

(4)当需求函数变成 $P = 100 - 3Q$ 时,$TR = 100Q - 3Q^2$,$MR = 100 - 6Q$,$MC = 2Q$ 不变。此时,联立 $MR = MC$,解得 $Q = 12.5$,$P = 62.5$。需求的价格弹性 $e_d = -\frac{dQ}{dP} \cdot \frac{P}{Q} = \frac{5}{3}$。

(5)需求的价格弹性受均衡点处的价格 P、需求量 Q 及需求曲线的斜率共同影响。从其计算公式可以看出,在给定条件不变的情况下,需求的价格弹性随着 P 的增加而增加,随着 Q 的增加而减小。此外,斜率绝对值越大,弹性越小。

2017 年同等学力人员申请硕士学位
学科综合水平全国统一考试经济学试卷

一、单项选择题(每小题 2 分,共 16 分)

1.(   )在我国的中间扩散型制度变迁方式中扮演着重要角色。

  A. 中央政府   B. 地方政府

  C. 国有企业   D. 民营企业

2.如图 1 所示,两个消费者的无差异曲线相切于 E_1、E_2、E_3,这意味着(   )。

  A. 对于消费者 1 而言,E_1 的效用水平高于 E_2

  B. 对于消费者 2 而言,E_3 的效用水平高于 E_2

  C. E_2 属于帕累托最优状态,E_1 和 E_3 不属于帕累托最优状态

  D. E_1、E_2、E_3 都属于帕累托最优状态

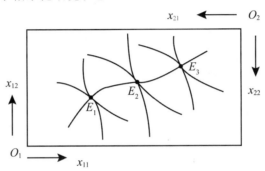

图 1

3.资本国际流动的主要形式包括(   )。

  ①国家资本输出与私人资本输出   ②长期资本流动与短期资本流动

  ③直接资本流动与间接资本流动   ④国际商品流动和人力资本流动

  A. ①②④   B. ①③④

  C. ①②③   D. ②③④

4.当最终产品进口的名义税率不变时,表述正确的是(   )。

  ①对进口原料征税越低,该名义税率的保护作用越大

  ②对进口原料征税越低,该名义税率的保护作用越小

  ③对进口原料征税越高,该名义税率的保护作用越大

  ④对进口原料征税越高,该名义税率的保护作用越小

  A. ①和②   B. ②和③

  C. ②和④   D. ①和④

5.根据税收能否转嫁,税收可分为(   )。

  A. 价内税和价外税   B. 中央税、地方税和中央地方共享税

  C. 直接税和间接税   D. 从量税和从价税

6.以下可用于解释财政支出规模增长趋势的理论包括(　　)。

　　①政府活动扩张论　　　　　　②梯度渐进增长论

　　③经济发展阶段论　　　　　　④官僚行为增长论

　　A.①③④　　　　　　　　　　　　B.①②④

　　C.②③④　　　　　　　　　　　　D.①②③④

7.实际利率＝(　　)。

　　A.名义利率＋通货膨胀率　　　　B.名义利率－通货膨胀率

　　C.名义利率×通货膨胀率　　　　D.名义利率÷通货膨胀率

8.(　　)认为汇率的变动和决定所依据的是人们各自对外汇的效用所做的主观评价。

　　A.国际借贷说　　　　　　　　　B.购买力平价说

　　C.汇兑心理说　　　　　　　　　D.利息平价说

二、名词解释(每小题3分,共12分)

1.关税壁垒和非关税壁垒

2.国债结构

3.哈罗德-多马模型

4.均衡价格

三、简答题(每小题8分,共32分)

1.简述全能型银行的含义和职能。

2.简述通货膨胀目标制的基本内容。

3.简述经济全球化的主要特点和具体表现。

4.简述政府采购制度如何提高财政支出效益。

四、论述与计算题(每小题20分,共40分)

1.试论述我国国有企业分类改革的战略。

2.假定某封闭经济满足以下条件:消费函数 $C＝300＋0.5×(Y－100)$,投资函数 $I＝200－1\,000r$,政府购买 $G＝100$,实际货币需求函数 $L＝0.5Y－1\,000r$,名义货币供给 $M_s＝450$,价格水平 $P＝1$。

　　(1)求 IS 曲线和 LM 曲线。

　　(2)求均衡产出和利率水平。

　　(3)其他条件不变,投资函数由 $I＝200－1\,000r$ 变为 $I＝200－1\,500r$,求均衡产出和利率水平。

　　(4)结合以上计算结果,简要说明投资函数变动导致产出和利率水平变动的机理。

答案与解析

一、单项选择题

1.【正确答案】B

【所属学科】社会主义经济学第三章。

【难易程度】简单

【考点解析】当利益独立化的地方政府成为沟通权力中心的制度供给意愿与微观主体的制度创新需求的中介环节时,就有可能突破权力中心设置的制度创新进入壁垒,从而使权力中心的垄断租金最大化与保护有效率的产权结构之间达成一致,化解"诺斯悖论"。这样一种有别于供给主导型与需求诱致型的制度变迁方式,有学者称之为中间扩散型制度变迁方式。其重点讨论对象是地方政府。

2.【正确答案】D

【所属学科】西方经济学第六章。

【难易程度】中等

【考点解析】图形中是一个典型的埃奇沃思图,表示的是两个不同的消费者同时消费两种商品时,达到的帕累托状态。其中,E_1、E_2、E_3分别是这两个消费者的无差异曲线的切点。对于这三个点而言,不存在帕累托改进的余地,因此都属于帕累托最优状态。

3.【正确答案】C

【所属学科】国际经济学第七章。

【难易程度】简单

【考点解析】资本国际流动主要包括国家资本输出与私人资本输出、长期资本流动与短期资本流动、直接资本流动与间接资本流动三种形式。

4.【正确答案】D

【所属学科】国际经济学学第四章。

【难易程度】中等

【考点解析】进口原料用于本国商品生产。对进口原料的征税越低,那么本国生产出的产品价格越低。在对该产品的产成品进口征收名义税率保持不变时,进口品与国内生产品之间的价格差越大,名义税率的保护作用越大。反之,对进口原料征税越高,该名义税率的保护作用越小。

5.【正确答案】C

【所属学科】财政学第四章。

【难易程度】简单

【考点解析】根据税收能否转嫁,税收可分成直接税与间接税。凡是税收能够转嫁的税种,归属于间接税;凡是不能转嫁的税种,归属于直接税。

6.【正确答案】D

【所属学科】财政学第二章。

【难易程度】简单

【考点解析】本题中的四个选项均可解释财政支出规模增长趋势。

7.【正确答案】B

【所属学科】货币银行学第二章。

【难易程度】简单

【考点解析】名义利率是以名义货币表示的利率,是借贷契约和有价证券上载明的利息率,也就是金融市场表现出的利率。实际利率是指名义利率剔除了物价变动(币值变动)因素之后的利率,是债务人使用资金的真实成本。两种利率的关系式:实际利率＝名义利率－通货膨胀率。

8.【正确答案】C

【所属学科】货币银行学第八章。

【难易程度】简单

【考点解析】汇兑心理说试图用纯心理因素来解释汇率的决定及其变化,认为人们需要外汇是因为要购买商品与劳务以满足人们的欲望,所以效用是外汇价值的基础,其真正价值是边际效用,而这又是由人们的主观心理决定的。人们的心理评价受质(货币购买力、制度、政策等)和量(各种供求量)两方面因素的影响。

二、名词解释

1.【所属学科】国际经济学第四章。

【答题思路】关税壁垒是指通过征收各种高额进口税,形成对外国商品进入本国市场的阻碍,可以提高进口商品的成本,从而削弱其竞争能力,起到保护国内生产和国内市场的作用。关税壁垒是贸易保护的主要措施之一。

非关税壁垒是指除关税以外的一切限制进口的各种措施,可分为两类。一类是直接的非关税壁垒措施,指进口国直接对进口商品的数量或金额加以限制,或迫使出口国直接限制商品出口,如进口配额制、"自动"出口限制等。另一类是间接的非关税壁垒措施,指进口国对进口商品制定严格的条件和标准,间接地限制商品进口,如进口押金制、苛刻的技术标准和卫生检查等。

2.【所属学科】财政学第六章。

【答题思路】国债结构是指一个国家各种性质债务的相互搭配,以及债务收入来源和发行期限的有机结合。其组成要素包含:①期限结构。国债期限是指国债从发行到偿还的时间间隔。根据一般的期限分类,短期国债的期限在1年以下,中期国债的期限在1～5年(或1～10年),长期国债的期限在5年以上(或10年以上)。一个国家的国债,往往是由各种不同期限的国债所组成的。②利率结构。国债利率是国债利息占国债票面金额的比率。对于投资者和发行者来说,利率有不同作用,对于国债发行者,利率是其负担大小的表示;而对于国债投资者,利率则是其收益大小的表示。③种类结构,又叫应债主体结构。我国国债种类在1987年以前只有一种,即国库券。从1995年开始,我国国债的名称定为记账式国债、无记名国债、凭证式国债和特种定向国债四种。④持有者结构。我国国债持有者结构是与国债发行对象以及发行方式相联系的。我国国债发行对象包括各级机关、团体、部队、企事业单位、金融机构以及个人等。

3.【所属学科】西方经济学第十三章。

【答题思路】随着对凯恩斯理论的动态比较,哈罗德和多马相继提出了基于凯恩斯理论的增长模型,后被称为哈罗德-多马模型。这一模型的基本假定主要包含以下几个方面:①全社会使用劳动和资本两种生产要素只生产一种产品;②资本产出比保持不变;③储蓄率,即储蓄在收入中所占的比重保持不变;④不存在技术进步,也不存在资本折旧;⑤人口按照一个固定速度增长。

　　根据上述假定,哈罗德-多马模型得出的基本公式为:$G=s/v$。式中,v 为资本产出比;s 为储蓄率。该模型表示,经济增长率与储蓄率成正比,与资本产出比成反比。实现经济在充分就业下的稳定增长,需要实际经济增长率等于资本家意愿的或者有保证的经济增长率,同时等于人口增长率。因此,在哈罗德-多马模型的充分就业下的稳定增长条件表示为:$G_A=G_W=G_N$。式中,G_A、G_W 和 G_N 分别为经济实际增长率、有保证的增长率和人口增长率。然而,哈罗德-多马模型并不认为经济总能实现上述增长。因为,不存在一种自发的力量使得经济处于稳定增长状态,故哈罗德将上述稳定增长条件形象地称为"刃锋"。

4.【所属学科】西方经济学第一章。

　　【答题思路】一种商品的市场价格是该市场上供求双方相互作用的结果。当供求力量达到一种平衡时,价格或价格机制处于相对稳定状态。此时,所决定的市场价格就被称为均衡价格。

三、简答题

1.【所属学科】货币银行学第四章。

　　【答题思路】全能型银行是一种银行类型,它不仅经营银行业务,而且还经营证券、保险、金融衍生业务以及其他新兴金融业务,有的还能持有非金融企业的股权。广义的全能型银行等于商业银行加投资银行加保险公司再加非金融企业股东。

　　全能型银行的职能在于,作为"金融百货公司",向客户提供全方位的金融服务,从而降低服务成本。它通过内部机构之间的业务交叉和外部集团之间的相互持股,发挥整体优势,设计出满足不同客户、不同需求的金融产品组合,并以全能型银行的一个窗口,向顾客提供包括存贷款、投资、发债、资产管理、咨询、抵押、保险等内容的全方位综合金融服务,降低了信息搜集成本和金融交易成本。此外,全能型银行的多元化经营为银行开发金融产品和开拓业务市场提供了巨大的潜在发展空间,从而极大地增强了商业银行对金融市场变化的适应性以及抗风险能力,使其能及时根据金融市场的发展变化调节自身的经营管理活动。

2.【所属学科】货币银行学第七章。

　　【答题思路】通货膨胀目标制是一套用于货币政策决策的框架,是中央银行直接以通货膨胀为目标并对外公布该目标的货币政策制度。在通货膨胀目标制下,传统的货币政策体系发生了重大变化,在政策工具与最终目标之间不再设立中间目标,货币政策的决策依据主要是定期对通货膨胀的预测。政府或中央银行根据预测提前确定本国未来一段时期内的中长期通货膨胀目标,中央银行在公众的监督下运用相应的货币政策工具使通货膨胀的实际值和预测目标相吻合。

3.【所属学科】国际经济学第十章。

　　【答题思路】广义上,经济全球化代表着经济活动从国内向全球范围扩张的过程以及随之出现的经济、社会、政治、生活等诸多方面的改变过程,是生产活动在全球范围内实现社会化的过程。商品流、资金流、技术流和人员流是不同国家或地区间实现经济互动的四个基本途径。国家间的经济互动是以产业转移为纽带而发生的。从资源流动和配置的过程看,经济全球化主要表现为贸易全球化、金融全球化和生产全球化。

4.【所属学科】财政学第二章。

【答题思路】政府采购制度从三个层次上有利于财政支出效益的提高:

第一个层次是从财政部门自身的角度来看,政府采购制度有利于政府部门强化支出管理、硬化预算约束,在公开、公正、公平的竞争环境下降低交易费用、提高财政资金的使用效率。

第二个层次是从政府部门的代理人角度来看,通过招标竞价方式,优中选优,具体的采购实体将尽可能地节约资金,提高所购买货物、工程和服务的质量,提高政府采购制度的实施效率。

第三个层次是从财政部门代理人与供应商之间的关系角度来看,由于政府采购制度引入了招标、投标的竞争机制,使得采购实体与供应商之间的"合谋"型博弈转化为"囚徒困境"型博弈,大大减少了它们之间的共谋和腐败现象,在很大程度上避免了供应商(厂商)和采购实体是最大利益者而国家是最大损失者的问题。

四、论述与计算题

1.【所属学科】社会主义经济学第二章。

【答题思路】国企分类改革,将国有企业分为商业类和公益类,并实行分类改革、分类发展、分类监管、分类定责、分类考核,推动国有企业同市场经济深入融合,促进国有企业经济效益和社会效益的有机统一。

其中,商业类国有企业按照市场化要求实行商业化运作,以增强国有经济活力、放大国有资本功能、实现国有资产保值增值为主要目标。公益类国有企业以保障民生、服务社会、提供公共产品和服务为主要目标。按照谁出资谁分类的原则,履行出资人职责的机构负责制定所出资企业的功能界定和分类方案,划分并动态调整本地国有企业的功能类别。

国有企业改革要遵循市场经济规律和企业发展规律,坚持政企分开、政资分开、所有权与经营权分离,促使国有企业真正成为依法自主经营、自负盈亏、自担风险、自我约束、自我发展的独立市场主体。在改革中,主业处于充分竞争行业和领域的商业类国有企业,原则上都要实行公司制股份制改革,积极引入其他国有资本或各类非国有资本,实现股权多元化,国有资本可以绝对控股、相对控股,也可以参股,并着力推进整体上市。主业处于关系国家安全、国民经济命脉的重要行业和关键领域,主要承担重大专项任务的商业类国有企业,将保持国有资本控股地位,支持非国有资本参股。对自然垄断行业,实行以政企分开、政资分开、特许经营、政府监管为主要内容的改革,根据不同行业特点实行网运分开、放开竞争性业务,促进公共资源配置市场化;对需要实行国有全资的企业,也要积极引入其他国有资本,实行股权多元化;对特殊业务和竞争性业务实行业务板块有效分离,独立运作、独立核算。

2.【所属学科】西方经济学第十章。

【答题思路】(1)本小题中,$IS-LM$ 曲线要根据其定义来求。需要注意的是,LM 曲线中,M 指的是实际货币供给量,是名义货币供给量除以 P 的结果。

由 $Y=C+I+G$ 得

$$Y=300+0.5\times(Y-100)+200-1\,000r+100$$

解得 $Y=1\,100-2\,000r$,即 IS 曲线。

由 $L=M$ 得

$$0.5Y-1\,000r=M_s/P=450$$

解得 $Y=900+2\,000r$，即 LM 曲线。

（2）在得出 IS 曲线与 LM 曲线后，两者相交的点即此时的市场均衡点。联立 IS 曲线方程与 LM 曲线方程得 $r=0.05$，$Y=1\,000$。

（3）投资函数发生改变时，只影响 IS 曲线，并不影响 LM 曲线。投资函数改变后有

$$Y=C+I+G=300+0.5(Y-100)+200-1\,500r+100$$

解得

$$Y=1\,100-3\,000r \qquad （新的 IS 曲线方程）$$

将新的 IS 曲线与 LM 曲线联立，解得 $r=0.04$，$Y=980$。

（4）当投资对利率的敏感程度增加后，IS 曲线更加陡峭，与 LM 曲线相交于利率、均衡产出更低的水平。如图 2 所示。

产生这种现象的根源在于投资对利率的敏感程度增加，在相同的经济环境中，人们对于利率变动带来的风险就越敏感，进而影响投资和产出。$(A\rightarrow A')$

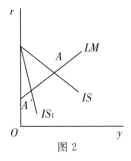

图 2

2018 年同等学力人员申请硕士学位
学科综合水平全国统一考试经济学试卷

一、单项选择题(每小题 2 分,共 16 分)

1.(　　)指行为人对财产加以控制的可能性。
   A. 占有权　　　　　　　B. 使用权　　　　　C. 收益权　　　　　　D. 处分权

2. 总供给曲线向右移动的原因是(　　)。
   A. 货币供给增加　　　　　　　　　　B. 个人所得税降低
   C. 技术进步　　　　　　　　　　　　D. 法定准备金下调

3. 可选择性货币政策工具不包括(　　)。
   A. 再贴现率政策　　　　　　　　　　B. 变动法定存款准备金率
   C. 公开市场业务　　　　　　　　　　D. 不动产信用控制

4. 关于公共物品的属性,正确的是(　　)。
   A. 公共物品具有排他性
   B. 公共物品不具有排他性,容易造成"免费搭便车"的现象
   C. 公共物品不具有消费排他性,生产上具有竞争性
   D. 公共物品具有排他性,但是不具有非竞争性

5. 以下符合基尼系数的是(　　)。
   A. 基尼系数越接近 1 越趋于平等　　　B. 基尼系数越接近 1 越趋于不平等
   C. 基尼系数越接近 0 越趋于平等　　　D. 基尼系数越接近 0.5 越趋于平等

6. 古典汇率决定理论包括(　　)。
   ①购买力平价理论　　②利率平价理论　　③国际借贷理论
   ④汇兑心理理论　　　⑤铸币平价理论
   A. ①②③④　　　　　B. ①②④⑤　　　　C. ①③④⑤　　　　D. ①②③⑤

7.(　　)不属于布雷顿森林体系的内容。
   A. 建立以美元为中心的汇率平价体系
   B. 严格的固定汇率制
   C. 美元充当国际货币
   D. 多种渠道调节国际收支的不平衡

8. 根据 H-O 模型,国际贸易的结果使各贸易参与国之间的要素报酬率(　　),出现要素价格(　　)趋势。
   A. 差异缩小/均等化　　　　　　　　B. 不变/不变
   C. 差异缩小/不变　　　　　　　　　D. 不变/均等化

二、名词解释(每小题 3 分,共 12 分)

1. 瓦尔拉斯定律
2. 收入指数化
3. 财政赤字的排挤效应
4. 贸易创造与贸易转移

三、简答题(每小题 8 分,共 32 分)

1. 货币政策时滞包括哪些内容?

2. 简述金融自由化的内容。

3. 分析本币对外贬值对进口的影响机制与实现条件。

4. 画出拉弗曲线并简要说明税率与税收收入之间的关系。

四、论述与计算题(每小题 20 分,共 40 分)

1. 请阐述利益相关者合作逻辑的基本含义,并说明国企的治理结构如何体现"共同治理"?

2. 垄断厂商市场需求曲线为 $P=10-2Q$。长期总成本为 $LTC=Q^3-5Q^2+10Q$。

(1)求边际收益函数。

(2)求利润最大化时的产量和价格。

(3)对垄断厂商征收一定量的固定税额,当征收多少税时,其没有超额利润。

(4)对单位产品征收 3 单位比例税,求新的产量和价格。

(5)简述上述两种征税方式对消费者的影响。

答案与解析

一、单项选择题

1.【正确答案】A

【所属学科】社会主义经济学第四章。

【难易程度】简单

【考点解析】占有权指行为人对财产直接加以控制的可能性,是所有者与他人之间因对财产进行实际控制而产生的权利义务关系。

2.【正确答案】C

【所属学科】西方经济学第十二章。

【难易程度】中等

【考点解析】总供给曲线研究的是在一定的价格水平下,所对应的社会产品和劳务的总供给量。其向右移动,意味着在相同的价格水平上,总产出增加,即"线动点也动"。新古典增长理论认为,技术进步是推动经济增长的重要因素,因此选 C。A、B、D 为政府政策,实施过程中会带来价格水平和总产出的同时变动,即所谓的"点动线不动"。

3.【正确答案】D

【所属学科】货币银行学第七章。

【难易程度】简单

【考点解析】央行可选择的货币政策工具包括再贴现率政策、变动法定存款准备金率、公开市场业务及道义劝告,不包括 D。

4.【正确答案】B

【所属学科】财政学第一章。

【难易程度】简单

【考点解析】公共物品具有两个特征,即非排他性与非竞争性。公共物品的非排他性也称为消费上的非排斥性,是指一个人在消费这类物品时,无法排除他人也同时消费这类物品。非竞争性是指该物品被提供出来以后,增加一个消费者不会减少任何一个人对该物品的消费数量和质量。基于其以上的两个特点,在公共物品的使用过程中会出现"免费搭便车"的现象。

5.【正确答案】B

【所属学科】西方经济学第六章。

【难易程度】中等

【考点解析】基尼系数是指国际上通用的、用以衡量一个国家或地区居民收入差距的常用指标。基尼系数介于 0 和 1 之间,基尼系数越大,表示社会不平等程度越高。如图 1 所示,$A/(A+B)$ 为基尼系数的计算方法。

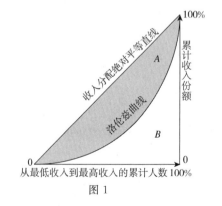

图 1

6.【正确答案】C

【所属学科】国际经济学第六章。

【难易程度】简单

【考点解析】古典汇率决定理论的内容包括购买力平价理论、国际借贷理论、汇兑心理理论、铸币平价理论。"二战"后形成的汇率决定理论包括流动资产选择说、目标汇率说和货币主义的汇率理论，要注意区分。

7.【正确答案】B

【所属学科】货币银行学第九章。

【难易程度】简单

【考点解析】布雷顿森林体系的内容包括：建立以美元为中心的汇率平价体系、美元充当国际货币、多种渠道调节国际收支的不平衡和建立国际货币基金组织。

8.【正确答案】A

【所属学科】国际经济学第三章。

【难易程度】中等

【考点解析】H-O模型认为，要素禀赋的差异化导致各国间的比较成本不同，因此引发了国际贸易，从要素禀赋的角度解释了国际贸易的产生；该模型还认为，随着国际贸易的不断开展，贸易参与国之间的要素报酬(利息、地租、工资)差异逐渐缩小，要素价格呈现均等化趋势。

二、名词解释

1.【所属学科】西方经济学第六章。

【答题思路】瓦尔拉斯定律是一般均衡中的重要结论。一般均衡研究的是要素市场与产品市场是否能够同时达到均衡，需要首先解决的问题是，确认是否存在一系列价格，使得所有的市场间能够同时达到均衡。瓦尔拉斯认为，要使整个经济体系处于一般均衡状态，就必须使所有的商品市场都同时达到均衡。瓦尔拉斯通过在 n 个价格中选择一个"一般等价物"来衡量其他商品的价格，并进行化简，可得到一个恒等式为

$$\sum_{i=1}^{n} P_i Q_i^d = \sum_{i=1}^{n} P_i Q_i^s$$

等式两边代表整个市场体系的同一个成交量，它对任意价格都成立，故为恒等式。这个恒等式被称为瓦尔拉斯定律。

2.【所属学科】货币银行学第三章。

【答题思路】收入指数化是由货币学派提出的应对成本推动型的通货膨胀时政府采取的一项措施。在经济运行出现通货膨胀的情况下，价格水平升高，工人实际工资下降，工人以此为理由要求增加工资。如果工资上涨的比率超过通货膨胀率，那么就会形成新一轮的成本推动型的通货膨胀，从而导致通货膨胀率的持续上升。为此，经济学家建议执行收入指数化政策，以条文规定的形式把工资和某种物价指数联系起来，当物价水平上升时，工资也随之上升。

3.【所属学科】财政学第八章。

【答题思路】出现财政赤字的原因是财政支出增加，其带来的排挤效应是指财政赤字或支出增加导致私人消费和投资减少，一般分为完全排挤效应、部分排挤效应和无排挤效应。一般而言，政府支出增加，会扩大政府购买支出，从而使得 IS 曲线向右移动。在 LM 曲线不变化的条件下，新的均衡点的利率水平与产出水平均发生了变化。

4.【所属学科】国际经济学第四章。

【答题思路】贸易创造与贸易转移研究的是关税同盟对国际贸易的影响。由于关税同盟内部实行自由贸易,使国内成本高的产品被伙伴国成本低的产品所替代,原来这些产品由本国生产,现在从伙伴国进口,由此新贸易被"创造"出来了。本国可以把原来生产成本高的产品的资源转向生产成本低的产品,从而获益。同时,关税同盟对外实行统一关税,对第三国的歧视导致从外部进口减少,转为从伙伴国进口,使贸易方向发生转变,产生"贸易转移"。由于原来从外部世界进口成本低的产品转为从伙伴国进口成本较高的产品,所以会造成一定的损失。

三、简答题

1.【所属学科】货币银行学第七章。

【答题思路】任何政策从制定到获得效果,必须经过一段时间,这段时间称为"时滞"。时滞由两部分组成:内部时滞和外部时滞。

内部时滞,指货币当局从政策制定到采取行动的这段时间。内部时滞的长短取决于货币当局对经济形势的预见能力、制定政策的效率和采取行动的决心等,包括认识时滞和行动时滞。认识时滞,指经济形势变化需要货币当局采取行动到货币当局认识到这种变化并承认需要调整货币政策之间的时间间隔。行动时滞,指货币当局认识到需要调整货币政策到实际采取行动之间的时间间隔。

外部时滞,指从货币当局采取行动到对政策目标产生影响的这段时间。外部时滞主要由客观经济和金融条件决定,不论是货币供应量还是利率,它们的变动都不会立即影响到政策目标。外部时滞包括操作时滞和市场时滞。操作时滞,指从调整货币政策工具到其对中介目标发生作用所需耗费的时间。市场时滞,指从中介变量发生反应到其对目标变量产生作用所需耗费的时间。

时滞是影响货币政策效应的重要因素。如果货币政策可能产生的大部分效应能够较快地有所表现,那么货币当局就可根据期初的预测值,考察政策生效的状况,并对政策的取向和力度做出必要的调整,从而使政策的效应能够得到更好的实现。假定政策的大部分效应要在较长的时间,比如两年后产生,而在这两年内,如果经济形势发生很大变化,那么就很难证明货币政策的预期效应是否实现。

2.【所属学科】国际经济学第九章、社会主义经济学第九章、货币银行学第九章。

【答题思路】金融自由化是指20世纪70年代中期以来,在西方发达国家出现的逐渐放松甚至取消对金融活动的管制措施的过程。金融自由化的产生是由于原来的管制措施无法适应新形势下经济、金融环境的变化,阻碍了金融业乃至整个经济的发展。金融自由化与金融全球化相伴而生。金融机构在全国范围内展开竞争,对金融活动的过度管制阻碍了本国金融机构的发展,使之在全球性的竞争中处于不利地位。

金融自由化的具体表现包括以下几个方面:

一是价格自由化,即取消对利率、汇率的限制,同时放宽本国资本和金融机构进入外国市场的限制,充分发挥公开市场操作、央行再贴现率政策和变动法定存款准备金率等货币政策工具的市场调节作用;二是业务自由化,即允许各类金融机构从事交叉业务,进行公平竞争,即所谓混业经营;三是金融市场自由化,即放松各类金融机构进入金融市场的限制,完善金融市场的融资工具和技术;四是资本流动自由化,即放宽外国资本、外国金融机构进入本国金融市场的限制。

3.【所属学科】国际经济学第五章。

【答题思路】本币贬值是调节国际收支失衡的措施之一。当出现贸易逆差时,通过本币贬值,可以增加出口,减少进口,扭转国际收支失衡。实现该政策目标时,需要以下条件:

(1)对方不报复。如果对方通过同步的本币贬值政策,或者对方厂商降低商品价格,那么本币贬值后的商品价格优势就会变小;(2)本币对外贬值要快于对内贬值(通货膨胀);(3)要符合马歇尔-勒纳条件,即本国出口的商品需求的价格弹性与本国进口的商品需求的价格弹性之和的绝对值大于1,即进出口对价格变化的反应程度较大。

本币贬值将先造成国际收支失衡的继续恶化,然后才会好转,也就是所谓的"J曲线效应"。在多数情况下,本币的贬值会使一国的贸易条件趋于恶化,只有在出口商品的需求弹性大于供给弹性时才会改善。

4.【所属学科】财政学第四章。

【答题思路】拉弗曲线描绘的是税率与税收收入之间的函数关系,是美国供给学派代表人物阿瑟·拉弗提出来的一种思想,如图2所示。

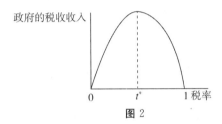

图 2

拉弗曲线理论认为,当税率在一定的限度以下时,提高税率能增加政府税收收入,但超过这一限度时,再提高税率反而会导致政府税收收入减少。因为较高的税率将抑制经济增长,使税基减小,税收收入下降;反之,减税可以刺激经济增长,扩大税基,使税收收入增加。

四、论述与计算题

1.【所属学科】社会主义经济学第五章。

【答题思路】利益相关者理论认为,企业的利益相关者包括企业的股东、债权人、雇员、消费者、供应商等利益主体。在"利益相关者合作逻辑"中,公司的目标是为利益相关者服务,而不仅仅追求股东的利益最大化,这是与"股东至上主义"最根本的区别。

"利益相关者合作逻辑"并不否认每个产权主体的自利追求,而是强调理性的产权主体把公司的适应能力看作自身利益的源泉。因此,一个体现和贯彻"合作逻辑"的治理结构必须让每个产权主体都有参与企业所有权分配的机会,但这是机会的均等,而不是权力的平均化。

其主要内容包括:

(1)贯彻了"利益相关者合作逻辑"的治理结构就是"共同治理"机制,它强调决策的共同参与和监督的相互制约,即董事会、监事会中要有股东以外的利益相关者的代表,如职工代表、银行代表等。

(2)共同治理的核心是经济民主化,通过公司章程等正式制度安排来确保每个产权主体具有平等参与企业所有权分配的机会,同时又依靠相互监督的机制来制衡各产权主体的行为。适当的投票机制和利益约束机制则是用来稳定合作的基础,并使产权主体行为统一于提高企业适应能力这个共同目标之上。

(3)共同治理模式包括两个并行的机制:董事会和监事会。董事会中的共同治理机制包括职工董事制度和银行董事制度,确保产权主体有平等的机会参与公司重大决策。监事会中的共同治理机制则是使职工代表以及银行代表可以以适当的方式进入公司监事会,确保各个产权主体平等地享有监督权,从而实现相互制衡。

2.【所属学科】西方经济学第三、四、五章。

【答题思路】边际收益函数是对总收益函数求导后的结果,在求边际收益函数时,要先求出总收益函数。其中总收益 $TR = P \cdot Q$。

利润、成本、产量等经济指标的最大值、最小值的最简单求法,就是对其利润函数、成本函数、生产函数等进行求导,其导数为零时,取得极值。例如本题对利润函数求导后,其取得极值的条件为 $MR - MC = 0$,即 $MR = MC$。

比例税影响边际成本,固定税影响固定成本,要反映到成本函数中去。

(1) $TR = P \cdot Q = (10 - 2Q) \cdot Q = 10Q - 2Q^2$,因此,$MR = 10 - 4Q$。

(2)垄断厂商的利润最大化的条件是 $MR = MC$。

$MC = 3Q^2 - 10Q + 10$。联立得 $10 - 4Q = 3Q^2 - 10Q + 10$,化简得到 $Q = 2$,$P = 6$。

(3)对垄断厂商征收一定量的固定税额后,成本函数变为 $LTC = Q^3 - 5Q^2 + 10Q + T$。
因为利润=收益-成本,所以有

$$\pi = P \cdot Q - LTC = 10Q - 2Q^2 - (Q^3 - 5Q^2 + 10Q + T)$$

又因为没有超额利润,即 $\pi = 0$。将 $Q = 2$ 代入公式,解得 $T = 4$。

(4)对单位产品征收 3 单位的比例税,此时成本函数为

$$LTC = Q^3 - 5Q^2 + 10Q + 3Q = Q^3 - 5Q^2 + 13Q$$

得 $MC = 3Q^2 - 10Q + 13$。

再利用 $MR = MC$,可得 $10 - 4Q = 3Q^2 - 10Q + 13$,解得 $Q = 1$,$P = 8$。

(5)征收一定量的固定税额使其没有超额利润时的产量和价格分别是 2 和 6,对单位产品征收 3 单位比例税时,产量和价格分别是 1 和 8,前者的价格较低、产量较高,后者产量较低、价格较高。后者使得消费者的福利下降。

2019年同等学力人员申请硕士学位
学科综合水平全国统一考试经济学试卷

一、单项选择题(每小题2分,共16分)

1. 马克思经济学分析的逻辑起点是指( )。

    A. 经济人　　　　　B. 资源配置　　　　　C. 社会人　　　　　D. 成本收益

2. 等产量线是表示在( )不变的情况下,生产同一产量的产品所需生产要素的各种不同组合所描述的轨迹。

    A. 价格水平　　　　B. 技术水平　　　　C. 效用水平　　　　D. 福利水平

3. 商业银行狭义的表外业务是指( )。

    A. 存款货币银行形成的资金来源业务

    B. 存款货币银行运用其所吸收资金的业务

    C. 未列入银行资产负债表且不影响银行资产负债总额的业务

    D. 未列入银行资产负债表且不影响银行资产负债总额,但却产生风险的业务

4. 下列不属于货币市场的子市场的是( )。

    A. 同业拆借市场　　　　　　　　　　B. 大额定期存单市场

    C. 股票市场　　　　　　　　　　　　D. 商业票据市场

5. 国际贸易相关法律中的倾销应包括( )。

    ① 产品低于正常价值或公平价值销售

    ② 这种低价销售行为对进口国的相关产业造成了损害

    ③ 低价销售是长期持续的

    ④ 损害与低价之间存在因果关系

    A. ①②③　　　　　B. ①②④　　　　　C. ②③④　　　　　D. ①③④

6. 三元悖论的不可能三角形的每一边分别代表( )。

    ①汇率的稳定性　　②独立的货币政策　　③完全金融一体化　　④国际收支平衡

    A. ①②③　　　　　B. ①②④　　　　　C. ③④　　　　　　D. ①③

7. 经济基础设施投资的一般特点是( )。

    ①投资成本巨大,且比维护成本和经营成本大很多

    ②投资中的沉没成本高

    ③有较长的债务偿还周期

    ④投资的进入成本或者退出成本很高

    A. ①②③　　　　　B. ①③④　　　　　C. ①②④　　　　　D. ①②③④

8. 通常可以通过( )来避免或减少税收的超额负担。

    ①对供给弹性为0的商品征税　　　　　②对需求弹性为0的商品征税

    ③对所有商品等量(从价)征税　　　　④征收所得税

    A. ①②③　　　　　B. ②③④　　　　　C. ①②④　　　　　D. ①②③④

二、名词解释(每小题 3 分,共 12 分)

1. 替代效应和收入效应

2. 局部均衡分析和一般均衡分析

3. 关税同盟

4. 税收中性

三、简答题(每小题 8 分,共 32 分)

1. 请说明"金融风险论"关于金融监管必要性的理论分析。

2. 请分析公开市场业务的作用过程和优越性。

3. 请根据产业内贸易理论分析同质产品产业内贸易的几种类型。

4. 简述分级分税预算管理体制的基本内容。

四、论述与计算题(每小题 20 分,共 40 分)

1. 请论述制度创新推动经济增长的机理。

2. 假设某经济体满足以下条件:消费 $C = 60 + 0.8Y_d$,税收 $T = 100$,投资 $I = 100 - 2r$,政府购买 $G = 80$,实际货币需求为 $L = 0.2Y - 8r$,名义货币供给为 $M = 120$,价格水平为 P,试求:

(1) IS 曲线和 LM 曲线。

(2) 总需求曲线。

(3) $P = 1$ 时的总产出和利率水平。

(4) 其他条件都不变,政府将税收调整为 $T = 50$,总需求曲线会发生什么变化? 如果充分就业的产出水平 $Y_f = 900$,通过减税能否实现该充分就业产出水平?

(5) 根据以上计算,简要分析减税对总产出、价格和利率水平的影响。

答案与解析

一、单项选择题

1.【正确答案】C

【所属学科】社会主义经济理论导论。

【难易程度】中等

【考点解析】马克思主义经济学的研究对象是生产关系,西方经济学的研究对象为资源配置与国民收入,进而研究生产力;马克思主义经济学分析以社会人为逻辑起点,西方经济学分析以经济人为逻辑起点;马克思主义经济学的研究方法是整体主义分析法,西方经济学的研究方法是个人主义分析法。

2.【正确答案】B

【所属学科】西方经济学第三章。

【难易程度】中等

【考点解析】等产量线是生产论研究长期生产的起点和核心,等产量线表示的是在技术水平不变的情况下,生产同一产量的产品所需生产要素的各种不同组合所描述的轨迹。等产量线凸向原点,不会相交,离原点越远,产量水平越高。

3.【正确答案】D

【所属学科】货币银行学第四章。

【难易程度】中等

【考点解析】商业银行的资产业务、负债业务和表外业务是商业银行的三大业务。表外业务有狭义和广义之分。狭义的表外业务指的是未列入银行资产负债表且不影响银行资产负债总额,但会产生风险的业务。

4.【正确答案】C

【所属学科】货币银行学第五章。

【难易程度】中等

【考点解析】金融市场可以分为短期市场和长期市场。短期市场又被称为货币市场,长期市场又被称为资本市场。资本市场包括股票市场、债券市场和借贷市场,其他产品类型属于货币市场。

5.【正确答案】B

【所属学科】国际经济学第四章。

【难易程度】中等

【考点解析】法律上所指的倾销有三个构成条件:产品低于正常价值或公平价值销售;这种低价销售行为对进口国的相关产业造成了损害;损害与低价之间存在因果关系。它的特点是市场存在弹性差异、市场之间有贸易壁垒和厂商具有价格控制力。

6.【正确答案】A

【所属学科】国际经济学第八章。

【难易程度】中等

【考点解析】克鲁格曼提出的三元悖论也被称为蒙代尔不可能三角形,描述的是国际市场上货币政策、汇率稳定性和金融一体化的关系。不可能三角形指的是独立的货币政策、稳定的汇率和完全金融一体化不可能同时实现。

7.【正确答案】D

【所属学科】财政学第三章。

【难易程度】中等

【考点解析】财政投资基础分为经济基础设施投资和社会基础设施投资。经济基础设施投资的特点:投资成本巨大,且比维护成本和经营成本大很多;投资中的沉没成本高;有较长的债务偿还周期;投资的进入成本或者退出成本很高。

8.【正确答案】D

【所属学科】财政学第四章。

【难易程度】中等

【考点解析】政府征税的目的之一是税收中性,但是税收中性很难实现,因此政府应该尽量提高税收效率。提高税收效率需要减少税收的超额负担,其方法有:对供给弹性为0的商品征税、对需求弹性为0的商品征税、对所有商品等量(从价)征税和征收所得税。

二、名词解释

1.【所属学科】西方经济学第二章。

【答题思路】替代效应是指由于商品的价格变动引起的商品相对价格的变动,进而由相对价格变动引起的对商品需求数量的变动。替代效应的特点是维持效用水平不变,而且总是利用价格便宜的商品替代价格较贵的商品。

　　　收入效应是指由于商品价格变动引起消费者实际收入发生变动,进而由实际收入变动引起的对商品需求数量的变动。

2.【所属学科】西方经济学第六章。

【答题思路】局部均衡分析是指在假定其他市场条件不变的情况下,孤立地考察单个市场或部分市场的供给和需求达到相等时的过程和状态。在完全竞争市场和其他一些假设条件下,局部均衡价格体系是存在的,而且此价格体系可以达到资源配置的帕累托最优状态。

　　　一般均衡分析是指在承认所有产品市场和要素市场相互影响的条件下,分析所有市场上需求和供给达到相等时的过程和状态。在完全竞争市场和其他一些假设条件下,一般均衡价格体系是存在的,而且此价格体系可以达到资源配置的帕累托最优状态。

3.【所属学科】国际经济学第九章。

【答题思路】关税同盟是指存在利益相关的国家结成同盟,同盟区对内降低关税甚至免除关税,成员国之间甚至整个关税同盟的福利会变好;对外则统一或逐步统一关税,关税主要针对同盟国以外的国家。关税同盟包含贸易创造和贸易转移两种效应。

4.【所属学科】财政学第五章。

【答题思路】税收中性是指政府课税不扭曲市场机制的运行,或者说不影响私人部门原有的资源配置状况,即政府征税不影响以效用最大化为目标的消费者行为,也不影响以利润最大化为目标的生产者行为。

三、简答题

1.【所属学科】货币银行学第六章。

【答题思路】商业银行以信用为基础,以货币为载体,实行负债经营,具有很高的风险性。银行业的资本只占其资产很小的一部分。在具体的业务经营中,商业银行的利率、汇率等发生变化,金融机构为获取更高利益进行资产扩张,这都会加剧金融业的风险和不稳定性。

金融业容易出现支付危机的连锁效应。社会各个阶层、各种金融机构和个体通过债权债务关系相互联系在一起,如果单个金融机构或者商业银行出现危机,发生挤兑,就会使得整个银行业发生挤兑,银行业发生挤兑就会影响整个金融体系,从而引发金融动荡。

因此为了规避金融业出现风险,必须采用相应手段进行监管。

2.【所属学科】货币银行学第七章。

【答题思路】公开市场业务是指中央银行在金融市场上公开买卖各种有价证券,以控制货币供应量,影响市场利率水平的政策措施。

作用过程:当金融市场上资金缺乏时,中央银行可通过公开市场业务买进有价证券,这实际上相当于投放了一笔基础货币。这些基础货币如果流入社会大众手中,则会直接增加社会货币供应量;如果流入商业银行,则会使商业银行的超额准备金增加,并通过货币乘数的作用,使商业银行的信用规模扩大,社会的货币供应量成倍增加。反之,当金融市场上货币过多时,中央银行可卖出有价证券,以减少基础货币,使货币供应量减少、信用紧缩。

公开市场业务的优越性表现在:①主动性强;②灵活性高;③调控效果平缓,震动性小;④影响范围广。

3.【所属学科】国际经济学第三章。

【答题思路】产业内贸易是同时存在出口和进口的现象,产业内贸易分为同质产品的产业内贸易和异质产品的产业内贸易。同质产品的产业内贸易类型如下:

(1)国家大宗产品的贸易,如水泥、木材和石油的贸易,中国的南方进口水泥,而北方则出口水泥以减轻运费负担;

(2)合作或技术因素的贸易,如银行业和保险业"走出去、引进来";

(3)转口贸易,例如中国香港或者其他自贸区,它们同时出口和进口某种商品;

(4)政府干预产生的价格扭转,使进出口同种产品有利可图;

(5)季节性产品贸易,如季节性瓜果的进出口;

(6)跨国公司的内部贸易。

4.【所属学科】财政学第七章。

【答题思路】分级分税预算管理体制是实行市场经济国家普遍采取的一种预算管理体制,特征在于规范化和法制化,长期相对稳定,地方预算构成名副其实的一级预算主体。

其基本内容包括:

(1)一级政权,一级预算主体,各级预算相对独立,自求平衡。

(2)在明确市场经济中政府职能边界的前提下,划分各级政府职责(即事权)范围,在此基础上划分各级预算支出职责(即财权)范围。

(3)收入划分实行分税制。在收入划分比例上,中央预算居主导地位,保证中央的调控权和调控力度。在税收划分方法上,有的按税种划分,有的对同一税种按不同税率分配,有的实行分成或共享制。

(4)预算调节制度,即所谓转移支付制度,有纵向调节(纵向转移)和横向调节(横向转移)两种形式。纵向调节的典型做法是中央政府对地方政府的补助金制度。

（5）各国的分级预算体制是适应本国的政治经济制度和历史传统长期形成的，就体制整体而言是相对稳定的，只是集权与分权关系及其相应的调节方法可以经常调整。

四、论述与计算题

1.【所属学科】社会主义经济理论第七章。

【答题思路】经济增长是指更多的产出，它主要依赖技术进步和生产要素的有效组合。制度是指被制定出来的一系列规则、守法程序和行为的伦理道德规范，它旨在约束追求主体福利或效用最大化的个人行为。制度可以具体分为三种类型：一是宪法秩序；二是制度安排；三是行为的伦理道德规范。具体来说，制度是通过产权、国家、意识形态来影响经济增长的。

（1）产权。产权是一种通过社会强制而实现的对某种经济物品的多种用途进行选择的权利。产权明确有助于减少未来的不确定性因素及降低产生机会主义行为的可能性；产权不清晰则容易增加交易成本，降低经济效率，进而限制经济增长。

（2）国家。国家决定产权结构。产权的界定需要花费成本，由国家来界定和保护产权可降低成本。统治者在降低交易费用促进经济增长的同时，往往还会追求租金最大化，二者间的冲突长期影响着一个国家的经济增长。

（3）意识形态。意识形态解决"免费搭车"的问题，从而可以节约交易费用。

总之，制度可以明确和保护产权，并实现生产要素最优组合，使得技术和要素所有者能够按照市场效率原则获得收入分配，而国家和意识形态可以使得产权和要素收益得到有效保护，进而激发和调动技术人员的创新热情，优化要素组合，实现经济增长。

2.【所属学科】西方经济学第十章。

【答题思路】（1）由 $Y=C+I+G$ 得
$$Y=60+0.8(Y-100)+100-2r+80$$
即 $Y=800-10r$，为 IS 曲线。

由实际货币需求等于实际货币供给得
$$0.2Y-8r=120/P$$
即 $Y=600/P+40r$，为 LM 曲线。

（2）联立 IS 与 LM 曲线消除 r，可得 AD 曲线为
$$Y=120/P+640$$

（3）当 $P=1$ 时，LM 曲线方程为 $Y=600+40r$，IS 曲线方程为 $Y=800-10r$，联立得
$$Y=760,r=4$$

（4）当税收下降为 $T'=50$ 时，IS 曲线向右移动，移动到 IS'，AD 曲线也会向右发生移动，移动到 AD'。此时由 IS' 的方程 $Y=C'+I+G$ 可得
$$Y=60+0.8(Y-50)+100-2r+80$$
即 $Y=1\,000-10r$，为 IS' 曲线。

LM 曲线方程不变，为 $Y=600/P+40r$，联立可得 AD' 方程为
$$Y=120/P+800$$

将价格 $P=1$ 代入 AD' 曲线方程，解得 $Y=920$。

因为 $Y = 920 > Y_f = 900$，此时经济膨胀，如果继续减税，新的国民收入会变得更大，经济会变得更热，所以不能再通过减税实现充分就业的潜在产出。

(5)通过上述分析可以看出：

在短期内，减税能够提高总产出和利率水平，且不会影响价格水平，因此，短期可以利用需求管理进行宏观调控，实现经济增长。但从长期来看，减税会影响价格水平，使价格水平提高。

2020年同等学力人员申请硕士学位
学科综合水平全国统一考试经济学试卷

一、单项选择题(每小题2分,共16分)

1. 马克思主义经济学的分析方法是( )。
  A. 实证分析法 　　　　　　　　　　B. 个人成本利益法
  C. 整体分析法 　　　　　　　　　　D. 形式主义分析法

2. 新经济增长理论的基本思想是( )。
  ①经济增长是经济系统内部因素相互作用而不是外部力量推动的结果
  ②在众多的因素中,技术进步是经济增长的决定因素
  ③技术、知识积累和人力资本投资都具有外部效应且使得生产呈现规模收益递增的趋势
  ④只有实际的与意愿的经济增长率相等,经济才处于均衡状态
  A.①②③ 　　　B.①②④ 　　　C.①③④ 　　　D.②③④

3. 不属于商业银行(存款货币银行)的功能是( )。
  A. 充当企业之间的信用中介 　　　B. 充当企业之间的支付中介
  C. 发行货币 　　　　　　　　　　D. 创造信用

4. 货币供应的内生性是指( )。
  A. 货币供应量是在一个经济体系内部由多种因素和主体共同决定的
  B. 货币供应量由中央银行在经济体系之外独立控制
  C. 货币供应量由商业银行独立决定
  D. 货币供应量由企业和居民的行为决定

5. 国债应该发挥的基本功能是( )。
  ①弥补政府的财政赤字 　　　　　　②从事公开市场业务
  ③筹集建设资金 　　　　　　　　　④调节经济
  A.①②③ 　　　B.①②④ 　　　C.①③④ 　　　D.②③④

6. 税收负担分配的"能力原则"要求应该根据他们的支付能力衡量税收数量,那么衡量支付的标准为( )。
  ①所得标准　②支出标准　③遗产标准　④财富标准
  A.①②③ 　　　B.①②④ 　　　C.①③④ 　　　D.②③④

7. 贸易创造的定义是( )。
  A. 产品从生产成本较低的国内生产转向较高成本的关税同盟中贸易对象国生产,本国从贸易对象国进口的一种过程和现象
  B. 产品从生产成本较高的国内生产转向较低成本的关税同盟中贸易对象国生产,本国从贸易对象国进口的一种过程和现象
  C. 产品从过去进口自较低生产成本转向从较高成本国进口的过程和现象
  D. 产品从过去进口自较高生产成本转向从较低成本国进口的过程和现象

8. 下列理论中,属于当代国际贸易理论的是( )。
  ①战略政策贸易理论 　　　　　　　②产业内贸易理论

③比较优势理论 ④贸易扭曲理论

A.①②③ B.①③④ C.①②④ D.②③④

二、名词解释(每小题 3 分,共 12 分)

1.垄断竞争市场

2.需求拉动型通货膨胀

3.综合所得税

4.贸易乘数

三、简答题(每小题 8 分,共 32 分)

1.简述最终贷款人的作用。

2.简要说明公开市场政策的作用过程及优点。

3.简述国债市场的作用。

4.试述经济全球化的概念和动因。

四、论述与计算题(每小题 20 分,共 40 分)

1.阐述社会主义初级阶段理论的含义,并阐述改革开放以来我国的计划与市场关系的认识经历了哪几个阶段。

2.什么是需求的价格弹性,如何衡量?影响需求价格弹性的因素有哪些?若某厂商面对的市场需求曲线为 $Q=20-3P$,当 $P=4$ 时,求需求的点弹性和厂商获得的点的收益是多少。该厂商如何调整价格才能使得总收益增加?

答案与解析

一、单项选择题

1.【正确答案】C

【所属学科】社会主义经济理论导论。

【难易程度】简单

【考点解析】马克思主义经济学的研究方法,从唯物辩证法和历史唯物主义出发,遵循唯物辩证法的一条根本原则——实践是检验真理的唯一标准。因此,经济学的分析起点不应该是经济人,而应该是社会人。在社会人假设的基础上,马克思主义经济学形成了整体主义的分析方法。

2.【正确答案】A

【所属学科】西方经济学第十三章。

【难易程度】简单

【考点解析】新经济增长理论的基本思想包括:①内生因素推动经济增长,经济增长是经济系统内部因素相互作用而不是外部力量推动的结果;②技术进步很重要,在众多的因素中,技术进步是经济增长的决定因素;③人力资本、知识积累具有外部性,技术、知识积累和人力资本投资都具有外部效应,这种外部效应使得生产呈现规模收益递增的趋势;④由于外部效应的作用,经济在处于均衡增长率状态时,经济的均衡增长率通常低于社会最优增长率;⑤经济政策(产业政策、税收政策等)可以影响经济的长期增长率。

3.【正确答案】C

【所属学科】货币银行学第四章。

【难易程度】简单

【考点解析】商业银行(存款货币银行)的功能包括:①充当企业之间的信用中介;②充当企业之间的支付中介;③变社会各阶层的积蓄和收入为资本;④创造信用流通工具。

4.【正确答案】A

【所属学科】货币银行学第一章。

【难易程度】简单

【考点解析】货币供应的内生性是指货币供应量是在一个经济体系内部由多种因素和主体共同决定的,中央银行只是其中的一部分。因此,中央银行并不能单独决定货币供应量。

5.【正确答案】C

【所属学科】财政学第六章。

【难易程度】简单

【考点解析】国债应该发挥的基本功能包括:①弥补政府的财政赤字;②筹集建设资金;③调节经济。

6.【正确答案】B

【所属学科】财政学第四章。

【难易程度】简单

【考点解析】税收负担分配的"能力原则"要求纳税人应当按照他们的支付能力纳税,他们缴纳的税收数量要与他们的支付能力成正比。衡量支付的标准包括:所得标准、支出标准和财富标准。

7.【正确答案】B

【所属学科】国际经济学第九章。

【难易程度】简单

【考点解析】贸易创造是指在关税同盟内部取消成员国之间的关税后,国内生产成本高的商品被成员国中生产成本低的商品所取代,来自成员国的低价进口商品替代了昂贵的国内生产的商品,成员国之间的贸易被创造了出来。

8.【正确答案】C

【所属学科】国际经济学第三章。

【难易程度】简单

【考点解析】在题干的四个备选答案中,比较优势理论是建立在经济全球化以前的经济运行实践基础上的理论,不属于当代国际贸易理论。因此,当代国际贸易理论包括:①战略政策贸易理论;②产业内贸易理论;③贸易扭曲理论。

二、名词解释

1.【所属学科】西方经济学第四章。

【答题思路】垄断竞争市场理论是 20 世纪 30 年代由美国经济学家张伯伦和英国经济学家罗宾进的提出的具有垄断竞争市场现象的这类结构模型。垄断竞争市场是指许多厂商生产相近但具有不同质量的商品的市场,是介于完全竞争和完全垄断的两个极端的市场结构的中间状态。

2.【所属学科】货币银行学第三章。

【答题思路】需求拉动型通货膨胀,又称超额需求拉动通货膨胀,亦称菲利普斯曲线型通货膨胀,是由凯恩斯先提出来的,他认为当总需求超过了总供给,会拉开"膨胀性缺口",造成物价水平普遍持续上涨,即以"过多货币追求过少商品"。

3.【所属学科】财政学第五章。

【答题思路】综合所得税,亦称一般所得税,是分类所得税的对称,它对纳税人在一定时间内的各类所得,不论其来源如何,都相加汇总后按统一的税率计征,多采用累进税率,并以申报法征收。目前,大多数资本主义国家所课征的个人所得税都具有综合所得税的性质。

4.【所属学科】国际经济学第八章。

【答题思路】贸易乘数是指乘数理论在对外贸易研究中的运用,探讨对外贸易与国民收入、就业之间的关系。在贸易乘数公式中,它是边际储蓄倾向与边际进口倾向的和的倒数。贸易乘数原理认为在边际储蓄倾向和边际进口倾向之和小于1的条件下,增加出口有利于提高有效需求,增加国民收入和就业量。

三、简答题

1.【所属学科】货币银行学第四章。

【答题思路】最终贷款人(Lender of Last Resort)是指在危机时刻中央银行应尽的融通责任,它应满足人们对高能货币的需求,以防止由恐慌引起的货币存量的收缩。(《新帕尔格雷夫货币金融大辞典》)

最终贷款人的作用:当一些商业银行有清偿能力但暂时流动性不足时,中央银行可以通过贴现窗口或公开市场购买两种方式向这些银行发放紧急贷款,条件是他们有良好的抵押品并缴纳惩罚性利率。最终贷款人若宣布将对暂时流动性不足的商业银行进行融通,就可以在一定程度上缓和公众对现金短缺的恐惧,这足以制止恐慌而不必采取其他的行动。

2.【所属学科】货币银行学第七章。

【答题思路】公开市场政策是指中央银行在金融市场上买进或卖出有价证券(主要以政府公债和国库券为主),吞吐基础货币,以改变商业银行等金融机构的可用资金,进而影响货币供应量和利率,以此实现货币政策目标的一种政策措施。

公开市场政策的作用机制:中央银行通过公开市场操作买进有价证券,这不仅导致证券价格上升、市场利率下降,还能增加商业银行的超额准备金,其最终导致货币供应量增加。反之,作用则相反。

公开市场政策的优点:主动权掌握在中央银行手上,具有主动性、灵活性、准确性、可逆转性、可微调、操作过程迅速、可持续操作等。

3.【所属学科】财政学第六章。

【答题思路】国债市场是国债发行和流通市场的统称,是买卖国债的场所。中央银行通过在二级市场上买卖国债(直接买卖,国债回购、反回购交易)来进行公开市场操作,借此存吐基础货币,调节货币供应量和利率,实现财政政策和货币政策的有机结合。

从我国目前的情况来看,国债市场的宏观金融功能体现在以下几个方面:(1)国债市场有助于形成市场基准利率;(2)国债市场是货币政策公开市场业务有效实施的重要依托,具有联结财政政策与货币政策的功能;(3)国债市场具有联结货币市场与资本市场的功能;(4)国债市场有助于人民币国际化程度的提高。

4.【所属学科】国际经济学第十章。

【答题思路】经济全球化是指地理上分散于全球的经济活动开始综合和一体化的现象,其主体一般认为是跨国公司,具体表现为资本、技术、产品等跨国快速流动或扩散以及跨国公司垄断势力的强化。

世界经济全球化迅猛发展的原因主要有以下五个方面:

(1)国际政治格局的急剧变迁是世界经济全球化的根本前提。

东欧剧变和苏联解体标志着冷战的结束和两极格局的终结。国际政治发生了深刻的变化,朝着多极化趋势发展,和平与发展成为时代的主题。世界各国开始将关注的焦点放在经济发展方面,而且经济安全、社会安定、生态环境安全均已日益成为国际安全的重要组成部分。为此,各国逐步认识到进行经济合作、寻求共同发展的必要性。另外,发达国家与发展中国家对和平与发展逐渐取得共识,它们的经济相互依存和相互渗透的程度不断加深,这为世界经济全球化的发展提供了前提条件。

(2)以信息技术为核心的新技术革命的发展为世界经济全球化提供了强大动力和打下了物质基础。

首先,以原子技术、电子技术等为标志的技术革命有了突飞猛进的发展,尤其是信息技术的重大进展及其在现代日常生活中日益广泛的应用,压缩了国与国之间的空间和时间,降低了国际间的交易费用和远距离控制的成本,便利了商品和资本的国际流动,促进了各国经济的联系,从而加快了世界经济全球化的进程;其次,新科革命有力地推动着世界上不同类型的国家生产社会化程度进一步提高,促使各国经济结构和管理体制更加趋于完善化和高效能化,为世界经济全球化打下基础;最后,科学技术发展到今天,有些技术的研究与开发已不是一个国家所能够单独完成的,需要各国的通力合作。

(3)经济活动的自由化是世界经济全球化的直接动力。

由于西方发达国家的经济普遍出现滞胀现象,新自由主义兴起。它们为了摆脱经济衰退和扩大世界市场,采取减少国家干预、放松经济管制的自由化政策,掀起了贸易自由化和资本自由流动的浪潮。发展中国家,尤其是新兴工业化国家也纷纷调整经济发展战略,实行市场经济体制,从而进入经济振兴时期,为世界经济注入了巨大的活力。无疑,各国国内市场化改革以及对贸易投资领域管制的解除或放松,促进了商品、服务和生产要素在世界范围内的流动,从而在很大程度上加速了世界经济全球化的进程。

(4)跨国公司的发展是世界经济全球化的主要载体。

跨国公司是当今世界经济中集生产、贸易、投资、金融、技术开发和转移于一体的经营实体,是世界经济全球化的主要体现者。近年来,跨国公司迅猛发展,奉行全球战略的跨国公司以争夺全球市场份额为目标,在世界各地开展生产经营活动,带动了资本、技术和服务在各国间的流动,促进了生产和资本的国际化。特别是近几年来跨国公司大量兼并与收购,建立了多种形式的战略联盟,再加上交易内部化和本地化经营的战略,有力地推动了经济全球化的发展。

(5)国际经济组织自身的发展和完善是世界经济全球化加速发展的重要促成因素。

国际货币基金组织(IMF)、世界银行(WB)和世界贸易组织(WTO)三大国际经济组织对于稳定各国经济,特别是促进世界经济的发展、促进世界经济相互依赖关系的加强、推动世界经济全球化进程起到了重要的作用。

四、论述与计算题

1.【所属学科】社会主义经济理论第一章。

【答题思路】社会主义初级阶段的理论是邓小平理论的重要组成部分,是邓小平理论的重要基石之一,中共前总书记赵紫阳在中共十三大上阐述了社会主义初级阶段理论。社会主义初级阶段不是泛指任何国家进入社会主义都要经历的起始阶段,而是特指我国在生产力落后、商品经济不发达的条件下建设社会主义必然要经历的特定阶段,是从1956年社会主义改造基本完成到21世纪中叶社会主义现代化基本实现的整个历史阶段。我国处于社会主义初级阶段包括两层含义:一是我国社会已经是社会主义社会,我们必须坚持而不能离开社会主义;二是我国的社会主义社会还处于初级阶段,我们必须从这个实际出发,而不能超越这个初级阶段。

改革开放以来,党对计划与市场关系的认识经历了一个逐步深化的漫长过程:从改革之初反思计划经济体制的弊端,提出按经济规律办事、重视价值规律的作用,到十二大提出"以计划经济为主、市场调节为辅",到十二届三中全会提出"我国社会主义经济是在公有制基础上的有计划的商品经济",到十三大提出建立"计划与市场内在统一的体制",到十三届四中全会后提出"计划经济与市场调节相结合",到1992年春邓小平在南方谈话中的精辟阐述,到十四大提出建立"社会主义市场经济体制","使市场在社会主义国家宏观调控下对资源配置起基础性作用",之后又经过党的十五大、十六大、十七大、十八大等几次重要会议的积累,到十八届三中全会再次实现突破,提出"使市场在资源配置中起决定性作用和更好发挥政府作用"。大家认真总结这一历程,可以得到许多有益的启示。

2.【所属学科】西方经济学第一章。

【答题思路】价格弹性(price elasticity)是指某一种产品销售量发生变化的百分比与其价格变化的百分比之间的比率,是衡量由于价格变动所引起数量变动的敏感度指标。当弹性系数为1的时候,销售量的上升和价格的下降幅度是相抵的。当弹性系数在0～1之间的时候,意味着价格上升也将使得收益上升,而价格下降也将使得收益下降,我们说这类物品的需求是相对缺乏弹性的,或者说这类物品对价格不敏感。大多数食品的需求弹性是低的,而大多数奢侈品的需求弹性,如香水、高档服装等都相对较高。弹性系数的计算公式为:

$$\varepsilon = \dfrac{\dfrac{\Delta Q}{Q}}{\dfrac{\Delta P}{P}} = \dfrac{dQ}{dP} \cdot \dfrac{P}{Q}$$

影响需求价格弹性的因素包括商品的可替代性、商品用途的广泛性、商品对消费者的重要程度、商品支出在消费者预算总支出中所占的比重、消费者调节需求量的时间。

需求价格弹性的计算公式:需求价格弹性系数＝－ 需求量变动的百分比 / 价格变动的百分比。

需求价格弹性系数有两种:点弹性和弧弹性。

点弹性公式 $e = -\dfrac{dQ}{dP} \cdot \dfrac{P}{Q}$。

弧弹性公式 $\varepsilon = -\dfrac{\Delta Q}{\Delta P} \cdot \dfrac{P}{Q}$。

由于 $Q = 20 - 3P$,当 $P = 4$ 时,需求量 $Q = 20 - 3P = 8$。

当 $P = 4$ 时,需求点 E 的弹性 $= -(-3) \times \dfrac{4}{8} = \dfrac{3}{2}$。

总收益 $= Q \times P = 8 \times 4 = 32$。

由于价格弹性系数大于1,即富有弹性,说明需求量变化的敏感程度高于价格变化的敏感程度,因此厂商应该降价。因为价格下降比较少,需求量增加比较大,故会使得总收益增加。